______________________ 드림

# 아이가 잘먹는 유아식 123

아이가 잘먹는 유아식 123

**초판 1쇄 발행** 2014년 6월 20일
**초판 2쇄 발행** 2020년 4월 6일

**지은이** 채남수

**발행인** 장상진
**발행처** (주)경향비피
**등록번호** 제2012-000228호
**등록일자** 2012년 7월 2일

**주소** 서울시 영등포구 양평동 2가 37-1번지 동아프라임밸리 507-508호
**전화** 1644-5613 | **팩스** 02) 304-5613



**ISBN** 978-89-6952-028-9 13590

꼭꼭 씹는 식습관을 잡아주는 유아 식단

# 아이가 잘먹는 유아식 123

채남수 * 지음

경향BP

프롤로그

Prologue

# 세 살 식습관 여든까지 간다

아이들이 잘 먹는 유아식을 소개하고 일상을 적어나가며 블로그를 운영했어요. 제법 유명해져서 제게 조언을 구하는 질문을 던지는 분들도 있어요. 그중 "어떻게 하면 아이가 골고루, 잘 먹을 수 있을까요?"라는 질문을 가장 많이 받아요. "아이가 잘 먹지 않아요."라며 걱정하는 엄마들도 많이 보았고요. 그때마다 저는 너무 급하게 생각하지 말라고 대답한답니다. 꾸준히, 천천히 식습관을 잡아가다 보면 아이가 자연스럽게 따라온다고 말이죠.

보통 아이 식습관은 이유식 단계를 지나고부터 초등학교 저학년까지의 기간이 가장 중요해요. 이 시기에 어떻게 먹느냐에 따라 아이의 평생 식습관이 정해지거든요. 언뜻 보기에도 상당히 긴 시간이죠. 이 시기를 잘 활용해서 올바른 식습관을 잡으세요.

그런데 대부분의 엄마들은 아이가 하루라도 빨리, 뭐든 잘 먹었으면 하는 바람과 욕심이 생기지요? 반면 아이들은 엄마의 바람과는 다르게 좋아하거나 익숙한 음식들만 먹기를 원하고요. 결국엔 아이가 좋아하는 음식들 위주로만 차려주거나 간단하게 차리게 되고요. 포기하고 타협하지 마세요. 그럴수록 아이의 식습관 개선은 더욱 어려워진답니다.

제가 아이들을 키우면서 얻은 교훈이라면 아이는 먼저 눈으로 음식을 먹고 맛을 본다는 거예요. 그래서 저는 아이의 요리를 만들 때 아이가 적어도 10번 이상은 그 재료를 눈으로 보게 한답니다. 한 가지 재료를 익히는 데도 10번 이상 보며 익히는데 다양한 재료들을 다 익히려면 얼마나 많은 시간이 걸리겠어요. 그래도 좋은 식습관을 잡는 데 시간이 오래 걸리는 건 당연하다고 생각하며 오늘도 재료를 보여주었답니다.

아이가 먹지 않는 것이 자신의 요리 실력이 부족하기 때문이라고 생각하는 엄마들도 있는데 절대 아니에요. 필요한 건 실력이 아니라 노력이에요. 하루에 두 끼라도 영양을 생각해 짠 식단을 차려보세요. 저 또한 두 아이의 유아식을 시작하면서 어려워했던 부분이 식단이었어요. 연년생인 첫째와 둘째는 골고루 음식을 먹지 않아 걱정이었어요. 그러다 생각한 것이 어릴 적부터 다양하고 골고루 식단을 차리자는 것이었지요. 전 따로 영양학을 공부하지 않았어요. 하지만 아이들의 식단을 짜는 데 큰 어려움을 느끼지는 않았답니다. 영양소를 크게 나눈 뒤 식품의 궁합에 맞춰 식단을 짜면 됐거든요.

처음에는 어려우실 거예요. 그런 분들을 위해 그동안 쌓은 노하우로 짠 유아 식단을 소개합니다. 다양한 재료와 조리법으로 만든 식단으로 아이의 올바른 식습관을 세워주세요.

제 유아 식단으로 식습관을 잡은 첫째와 둘째는 어느덧 8살과 9살이 됐어요. 그리고 이제 막 이유식을 시작한 막내가 있답니다. 때가 되면 막내 또한 언니들과 같은 방법으로 유아식을 시작하려고 해요.

양떼네 채남수

차례

# Contents

## Part 3
## 씹는 습관을 길러주는 유아 식단



## Part 4
## 다양한 맛과 식감을 담은 유아 식단

## Part 5
# 매일매일 튼튼이, 유아 간식



## Part 6
# 식탁에 빠지지 않는 유아 김치



## Part 7
# 특별한 날, 개성만점 유아 도시락

기초편

cooking

# 밥 짓기

유아식을 만들 때 잡곡을 넣어 밥을 지으세요. 제가 짠 식단에는 밥이 빠져 있어요. 밥 짓는 법만 모아 따로 정리했어요. 그때그때 넣는 잡곡을 달리 해서 밥을 지어보세요.

## 강낭콩밥

**재료** 불린 쌀 1컵, 강낭콩 1큰술, 물 1+1/4컵

1. 강낭콩은 물에 반나절 정도 충분히 불려요.
2. 쌀은 물에 1시간 정도 불린 뒤 물기를 빼요.
3. 솥에 쌀과 콩을 넣고 분량의 물을 부어 센불에서 끓여요.
4. 끓어오르면 7분 정도 더 끓이다가 뚜껑을 덮고 아주 약한 불에서 10분 정도 뜸 들여요.

TIP 아이가 콩을 싫어하면 불린 콩을 잘게 썰어 밥을 지으세요.

## 검은콩밥

**재료** 불린 쌀 1컵, 검은콩 1큰술, 물 1+1/4컵

1. 검은콩은 물에 반나절 정도 충분히 불려요.
2. 쌀은 물에 1시간 정도 불린 뒤 물기를 빼요.
3. 솥에 쌀과 콩을 넣고 분량의 물을 부어 센불에서 끓여요.
4. 끓어오르면 7분 정도 더 끓이다가 뚜껑을 덮고 아주 약한 불에서 10분 정도 뜸 들여요.

TIP 아이가 콩을 싫어하면 불린 콩을 잘게 썰어 밥을 지으세요.

## 발아현미밥

**재료** 불린 쌀 2/3컵, 불린 발아현미 1/3컵, 물 1컵

1. 발아현미는 물에 2시간 정도 불린 뒤 물기를 빼요.
2. 쌀은 물에 1시간 정도 불린 뒤 물기를 빼요.
3. 솥에 쌀과 발아현미를 넣고 분량의 물을 부어 센불에서 끓여요.
4. 끓어오르면 7분 정도 더 끓이다가 뚜껑을 덮고 아주 약한 불에서 10분 정도 뜸 들여요.

TIP 발아현미 대신 현미를 이용할 경우에는 4시간 정도 충분히 불려야 해요.

## 보리밥

**재료** 불린 쌀 2/3컵, 불린 보리 1/3컵, 물 1컵

1. 보리는 물에 2시간 정도 불린 뒤 물기를 빼요.
2. 쌀은 물에 1시간 정도 불린 뒤 물기를 빼요.
3. 솥에 쌀과 보리를 넣고 분량의 물을 부어 센불에서 끓여요.
4. 끓어오르면 7분 정도 더 끓이다가 뚜껑을 덮고 아주 약한 불에서 10분 정도 뜸 들여요.

## 수수밥

**재료** 불린 쌀 1컵, 불린 수수 2큰술, 물 1+1/4컵

1. 수수는 물에 3시간 정도 불린 뒤 물기를 빼요.
2. 쌀은 물에 1시간 정도 불린 뒤 물기를 빼요.
3. 솥에 쌀과 수수를 넣고 분량의 물을 부어 센불에서 끓여요.
4. 끓어오르면 7분 정도 더 끓이다가 뚜껑을 덮고 아주 약한 불에서 10분 정도 뜸 들여요.

## 완두콩밥

**재료** 불린 쌀 1컵, 완두콩 2큰술, 물 1+1/4컵

1. 완두콩은 흐르는 물에 씻은 뒤 물기를 빼요.
2. 쌀은 물에 1시간 정도 불린 뒤 물기를 빼요.
3. 솥에 쌀과 콩을 넣고 분량의 물을 부어 센불에서 끓여요.
4. 끓어오르면 7분 정도 더 끓이다가 뚜껑을 덮고 아주 약한 불에서 10분 정도 뜸 들여요.

TIP 아이가 콩을 싫어하면 콩을 잘게 썰어 밥을 지으세요.

## 흑미밥

**재료** 불린 쌀 1컵, 불린 흑미 2큰술, 물 1+1/4컵

1. 흑미는 물에 2시간 정도 불린 뒤 물기를 빼요.
2. 쌀은 물에 1시간 정도 불린 뒤 물기를 빼요.
3. 솥에 쌀과 흑미를 넣고 분량의 물을 부어 센불에서 끓여요.
4. 끓어오르면 7분 정도 더 끓이다가 뚜껑을 덮고 아주 약한 불에서 10분 정도 뜸 들여요.

TIP 진흑미보다 찰흑미가 소화가 잘돼요. 아이 밥은 찰흑미로 지으세요.

# Part 1

# 이유식을 졸업하고 먹는 첫 유아식

01

# 불고기밥

이유식을 갓 졸업한 아이들에게는 여러 가지 반찬을 같이 먹어야 하는 식단보다는 간단한 식사가 좋아요. 약간의 간을 느끼게 해주세요.

**재료**
불린 쌀 1컵
쇠고기 안심 50g
양파 10g
물 1+1/2컵

**고기양념**
간장 1큰술
다진 파 1작은술
참기름 1/2작은술
후춧가루 약간

1

쌀은 1시간 정도 불린 뒤 체에 밭쳐 물기를 빼요.

2

쇠고기는 종이타월로 핏기를 닦아낸 뒤 0.5cm 크기로 썰어요.

3

볼에 2와 고기양념 재료를 모두 넣고 버무려 30분 정도 재어요.

4

양파는 껍질을 벗기고 씻은 뒤 고기와 같은 크기로 썰어요.

5

1, 2, 3, 4를 모두 넣고 센불에서 5~6분 끓이고 약불에서 5분 뜸 들여요.

TIP

아이가 후춧가루 향을 싫어하면 생략해도 돼요.

02

# 버섯밥

향긋한 버섯 향이 나고 약간의 간이 된 버섯밥!
소화도 잘돼서 갓 이유식을 뗀 아이들에게 딱 좋아요.

**재료**
불린 쌀 1컵
표고버섯 1개
양송이버섯 30g
물 1+1/2컵

**양념**
간장 1/2큰술
다진 파 1작은술
참기름 1/4작은술

1

쌀은 1시간 정도 불린 뒤 체에 밭쳐 물기를 빼요.

2

양송이버섯과 표고버섯은 기둥을 떼어내고 손질해요.

3

손질한 버섯은 0.5cm 크기로 깍둑썰기해요.

4

냄비에 재료와 양념을 넣고 분량의 물을 부어 센불에서 끓여요.

5

5~6분 정도 끓이다가 버섯을 넣고 뚜껑 덮어 5분 뜸 들여요.

03

# 새우김치밥

아이들이 새우를 참 좋아하지요? 김치는 새우와 참 잘 어울려요.
김치를 좋아하지 않는 아이도 새우김치밥은 맛있게 먹을 수 있을 거예요.

**재료**
불린 쌀 1컵
새우살 50g
김치 30g
물 1+1/2컵

1

쌀은 1시간 정도 불린 뒤 체에 밭쳐 물기를 빼요.

2

새우는 찬물에 깨끗이 씻고, 0.5cm 크기로 썰어요.

3

김치는 양념을 씻어낸 뒤 새우와 같은 크기로 썰어요.

4

냄비에 재료를 넣고 분량의 물을 부어 센불에서 5~6분 끓여요.

5

뚜껑을 덮고 약한 불에서 5분 뜸 들여요.

TIP

아이가 씻은 김치도 매워한다면 백김치로 만들어보세요.

04

# 닭부추밥

닭고기와 부추는 궁합이 잘 맞아요. 닭고기의 찬 성분을 부추의 따뜻한 성분이 보완해주거든요. 영양이 풍부한 것은 물론이고요.

**재료**

불린 쌀 1컵
닭가슴살 50g
영양부추 10g
양파 10g
물 1+1/2컵

1

쌀은 1시간 정도 불린 뒤 체에 밭쳐 물기를 빼요.

2

닭가슴살은 껍질을 제거하고 씻은 다음 0.5cm 크기로 썰어요.

3

부추는 다듬어 씻은 후 1cm 길이로 썰어요.

4

양파는 껍질을 벗겨서 씻은 다음 0.5cm 크기로 썰어요.

5

냄비에 재료와 분량의 물을 부어 센 불에서 5분 끓이다 5분 뜸 들여요.

TIP

1. 닭고기 특유의 누린내는 물에 깨끗하게 씻으면 제거돼요.
2. 아이가 고기 특유의 냄새를 싫어할 경우 우유에 30분 정도 담갔다 요리하세요.

05

# 베이컨콩나물밥

베이컨의 짭조름한 맛 덕분에 따로 간을 하지 않아도 맛있어요.
아이들 성장에 좋은 콩나물로 아삭아삭 씹히는 맛도 알려줄 수 있어요.

**재료**
불린 쌀 1컵
베이컨 40g
콩나물 30g
물 1+1/2컵

1

쌀은 1시간 정도 불린 뒤 체에 밭쳐 물기를 빼요.

2

콩나물은 다듬어 씻은 후 물기를 털어내고 2cm 길이로 썰어요.

3

베이컨은 길게 반으로 썰고 다시 1cm 두께로 썰어요.

4

냄비에 준비한 재료를 넣고 분량의 물을 부어요.

5

센불에서 5~6분 정도 끓이다 뚜껑을 덮고 약한 불에서 5분 뜸 들여요.

TIP

베이컨을 찬물에 10분 정도 담갔다 요리하면 짠맛을 줄일 수 있어요.

06

# 게살채소밥

저지방 고단백식품인 게살에는 필수아미노산이 많아 소화도 잘된답니다.

**재료**

불린 쌀 1컵
게살 30g
당근 10g
양파 10g
물 1+1/2컵

1

쌀은 1시간 정도 불린 뒤 체에 밭쳐 물기를 빼요.

2

게살은 잘게 뜯어 찬물에 씻은 뒤 체에 밭쳐 물기를 빼요.

3

당근과 양파는 껍질을 벗겨 씻은 다음 0.5cm 두께로 깍둑썰기해요.

4

냄비에 준비한 재료를 넣고 분량의 물을 부어요.

5

센불에서 5~6분 정도 끓이다 뚜껑을 덮고 약한 불에서 5분 뜸 들여요.

TIP

1~3월, 9~10월의 제철에 게를 구입해 살만 발라내 냉동시켜두면 필요할 때마다 꺼내 사용하기 좋아요.

07

# 쇠고기카레밥

카레의 노란색은 강황이 들어있기 때문인데요, 강황에는 항암효과도 있다고 해요.
카레의 독특한 맛 덕분에 따로 간을 하지 않아도 돼요.

**재료**

불린 쌀 1컵
쇠고기 안심 50g
당근 10g
애호박 10g
카레가루 1+1/2큰술
물 1+1/2컵

1

쌀은 1시간 정도 불린 뒤 체에 밭쳐 물기를 빼요.

2

쇠고기는 종이타월로 핏기를 닦아낸 뒤 0.5cm 크기로 썰어요.

3

당근과 애호박은 껍질을 벗겨 씻고, 0.5cm 크기로 깍둑썰기해요.

4

분량의 물에 카레가루를 풀어요.

5

냄비에 재료와 카레물을 넣고 센불에서 5분 끓이다 5분 뜸 들여요.

TIP

카레는 첨가물이 적고 순한맛으로 선택하세요.

08

# 참치채소밥

참치는 고단백이라 죽의 주재료로 좋아요.
참치의 기름기는 제거한 뒤에 요리해주세요.

**재료**
불린 쌀 1컵
참치 30g
당근 10g
양파 10g
애호박 10g
물 1+1/2컵

1

쌀은 1시간 정도 불린 뒤 체에 밭쳐 물기를 빼요.

2

참치는 체에 밭쳐 기름기를 빼요.

3

당근, 양파, 애호박은 껍질을 벗겨 씻고 모두 0.5cm 크기로 깍둑썰기해요.

4

냄비에 준비한 재료를 넣고 분량의 물을 부어요.

5

센불에서 5~6분 정도 끓이다 뚜껑을 덮고 약한 불에서 5분 뜸 들여요.

TIP

참치를 끓는 물에 살짝 데치면 참치의 기름기가 완전히 제거돼요.

09

# 달걀완두콩밥

완두콩에는 엽산이 많이 들어있어 머리를 맑게 해주고 성장기 뇌발달에도 좋아요.
여기에 든든하게 달걀을 함께 넣어 요리하면 영양소를 더 채울 수 있어요.

**재료**

불린 쌀 1컵
달걀 1개
완두콩 10g
당근 10g
양파 10g
물 1+1/2컵
소금 약간
후춧가루 약간씩

1

쌀은 1시간 정도 불린 뒤 체에 밭쳐 물기를 빼요.

2

달걀은 곱게 풀어 체에 내려요.

3

완두콩은 끓는 물에 5분 정도 데쳐요.

4

당근, 양파는 껍질을 벗겨 씻은 뒤 0.5cm 두께로 깍둑썰기해요.

5

냄비에 준비한 재료와 분량의 물을 부어 센불에서 5~6분 정도 끓여요.

6

뚜껑을 덮고 약한 불로 줄여 5분 정도 뜸 들여요.

TIP

달걀을 넣어 밥을 지을 때는 비릿한 냄새가 날 수 있으므로 소금과 후춧가루를 약간 넣는 것이 좋아요.

10

# 두부된장밥

된장에 있는 납두균과 레시틴 등의 성분은 뇌를 건강하게 해준답니다.
유아식의 간은 소금보다는 된장이나 간장으로 하는 것이 좋아요.

**재료**

불린 쌀 1컵
두부 1/4모
당근 10g
애호박 10g
된장 1큰술
물 1+1/2컵

1

쌀은 1시간 정도 불린 뒤 체에 밭쳐 물기를 빼요.

2

두부는 흐르는 물에 씻은 뒤 1cm 크기로 깍둑썰기해요.

3

당근과 애호박은 깨끗이 씻은 뒤 0.5cm 크기로 깍둑썰기해요.

4

분량의 물에 된장을 풀어요.

5

재료와 4를 넣고 센불에서 5분 끓이다 두부 넣어 5분 뜸 들여요.

TIP

시판용 된장을 구입할 때는 염분이 적은 된장을 선택하세요.

# Part 2

# 식습관을 길러주는 유아 식단

01

# 달걀국

달걀국 + 버섯카레밥 + 동그랑땡 + 물김치

유아식의 국요리 중 기본이라 할 수 있는 달걀국이에요.
부드럽게 넘어가서 아이들이 참 좋아해요.

**재료**

달걀 3개
물 4컵
건새우 5마리
다시마(3cmx3cm) 3
다진 마늘 1작은술
실파 3뿌리
국간장 1큰술
소금 약간

1

달걀은 거품기로 충분히 저어 풀어 줘요.

2

분량의 물에 건새우, 다시마를 넣고 3분 정도 끓이다가 건져내요.

3

2에 다진 마늘을 넣고 끓이다가 1을 넣어 살짝 섞어가며 끓여요.

4

끓어오르면 국간장으로 간한 뒤 실파를 넣고 1분가량 더 끓여요.

TIP

1. 국물이 뜨거울 때 간을 보면 싱겁다고 느껴질 수 있으니 주의하세요.
2. 부족한 간은 소금으로 맞추세요.

02

# 버섯카레밥

달걀국 + 버섯카레밥 + 동그랑땡 + 물김치

고기 대신 단백질이 풍부한 버섯을 넣었어요. 씹기가 미숙한 아이에게 한 그릇 식사로 주어도 좋아요.

**재료**

새송이버섯 30g
표고버섯 2개
당근 40g
양파 40g
카레가루 50g
물 1 + 1/2컵
식물성 오일 적당량
밥 1공기

1

표고버섯, 새송이버섯은 1cm×2cm 크기로 도톰하게 썰어요.

2

양파와 당근도 버섯과 비슷한 크기로 썰어요.

3

당근 먼저 볶다가 당근이 반 정도 익으면 양파를 넣고 마저 볶아요.

4

분량의 물에 카레가루를 넣고 풀어 준 다음 3을 넣고 끓여요.

5

바글바글 끓으면 중불에서 3분 끓이다 1을 넣고 2분간 더 끓여요.

TIP

버섯을 바꿔서 다양하게 응용해 만들어보세요.

03

# 동그랑땡

달걀국+버섯카레밥+동그랑땡+물김치

동글동글 귀여운 모양에 아이들이 좋아하는 요리예요. 채소가 쏙쏙 숨어있어서 채소를 싫어하는 친구들도 맛있게 먹을 수 있답니다.

**재료**

돼지고기 앞다리살 200
당근 10g
애호박 10g
양파 10g
두부 1/3모
소금 약간
후춧가루 약간
달걀 1개
밀가루 1/2컵
식물성 오일 적당량

1

두부는 물기를 제거하고 으깨요.

2

깨끗이 다듬은 애호박, 양파, 당근은 잘게 썰어요.

3

돼지고기는 곱게 다져 볼에 담아 소금과 후춧가루를 약간 넣어요.

4

3에 1과 2를 넣고 반죽한 뒤 10분간 냉장실에서 숙성시켜요.

5

동글넓적하게 반죽을 빚어요.

6

밀가루, 달걀물 순으로 입힌 다음 오일을 두른 팬에 노릇하게 구워요.

TIP 접시에 종이타월을 겹쳐 깔고 두부를 올린 뒤 종이타월로 덮어 1시간 정도 두어 물기를 제거하세요.

04

# 순두부맑은국

순두부맑은국+탕수육+가지나물+무절임

입안에서 살살 녹는 순두부는 담백하고 부드러워서 두부를 꺼려하는 아이도 쉽게 먹을 수 있어요.

**재료**

순두부 300g
바지락 200g
물 4컵
애호박 40g
새송이버섯 40g
실파 3뿌리
다진 마늘 1/2큰술
후춧가루 약간
소금 약간

1

새송이버섯과 애호박은 부채꼴 모양으로 0.2cm 두께로 썰어요.

2

바지락은 소금물에 30분 해감한 뒤 흐르는 물에 비벼가며 씻어요.

3

분량의 물에 바지락을 넣고 3분 정도 끓여요.

4

면보나 여과지를 이용해 육수를 걸러내요.

5

육수에 손질한 재료를 넣고 3분, 순두부를 넣고 2분 정도 끓여요.

6

소금과 후춧가루로 간을 맞춘 뒤 송송 썬 실파를 넣고 한소끔 더 끓여요.

05

# 탕수육

순두부맑은국+탕수육+가지나물+무절임

새콤달콤한 탕수육소스는 아이들이 참 좋아하지요?
이참에 채소를 골고루 넣어 만들어보세요.

**재료**
돼지고기 안심 300g
당근 40g
양파 40g
애호박 40g
목이버섯 5g
녹말가루 2큰술
소금 약간
후춧가루 약간

**튀김옷**
달걀흰자 1개분
녹말가루 1/2컵
물 1/2컵

**탕수육소스**
간장 3큰술
올리고당 6큰술
식초 6큰술
물 1컵
녹말물(녹말가루 2큰술
물 4큰술)

1

한입 크기로 썬 돼지고기는 소금, 후춧가루, 녹말가루로 밑간해요.

2

물에 불린 목이버섯의 배꼽을 떼어 흐르는 물에 비벼가며 씻어 썰어요.

3

당근, 양파, 애호박은 부채꼴 모양으로 도톰하게 썰어요.

4

달군 팬에 오일을 넉넉히 두르고 튀김옷을 입힌 고기를 튀겨요.

5

팬에 오일을 약간 두르고 채소 먼저 볶다가 목이버섯을 넣어 볶아요.

6

5에 소스를 붓고 2/3가량 졸아들면 녹말물로 농도를 맞춰 끓여요.

TIP 튀김옷은 녹말물을 20분 정도 불린 다음 윗물은 버리고 달걀흰자를 섞어 만드세요.

06

# 가지나물

순두부 맑은국 + 탕수육 + 가지나물 + 무절임

가지에 있는 안토시아닌 색소에는 항암효과가 있다고 해요.
칼로리가 낮고 수분이 많은 가지로 아이 반찬을 만들어보세요.

**재료**

가지 2개
실파 2뿌리
천일염 약간
식물성 오일 적당량

**양념**

간장 3큰술
올리고당 1큰술
맛술 1큰술
참기름 1큰술
다진 마늘 1/2큰술
통깨 1/2큰술
후춧가루 약간

1

가지는 천일염으로 문질러 씻은 뒤 반달 모양으로 도톰하게 썰어요.

2

그릇에 분량의 양념 재료를 넣고 섞어요.

3

달궈진 팬에 오일을 두르고 가지를 볶다가 2를 넣어 고루 볶아요.

4

송송 썬 실파를 넣고 빠르게 볶은 뒤 불에서 내려요.

TIP 가지는 흡수율이 좋으므로 적은 양의 오일을 사용하는 것이 좋아요.

07

# 감자새우국

감자새우국 + 베이컨채소말이 + 양배추소시지볶음 + 백김치

시원한 새우육수에 담백한 감자를 넣고 끓인 국이에요.
맛이 순해 유아식에 적응 중인 아이도 잘 먹어요.

**재료**

감자 1개
새우 10마리
실파 3뿌리
물 4컵
건새우 10g
다시마(3cmx3cm) 4
다진 마늘 1큰술
소금 약간
후춧가루 약간

1

분량의 물에 건새우와 다시마를 넣고 3분 정도 끓이다가 건져내요.

2

감자는 반으로 잘라 도톰하게 썰어요.

3

새우는 깨끗하게 씻은 후 체에 밭쳐 물기를 빼 준비해요.

4

육수에 감자와 다진 마늘을 넣고 끓여요.

5

감자가 익으면 새우를 넣고 소금과 후춧가루로 간을 맞춰 끓여요.

6

새우가 익으면 송송 썬 실파를 넣고 한소끔 더 끓여 마무리해요.

TIP
손질해 썬 감자는 흐르는 물에 씻어 전분을 빼낸 다음 육수에 넣으세요.

08

# 베이컨채소말이

감자새우국+베이컨채소말이+양배추소시지볶음+백김치

아이들이 좋아하는 베이컨으로 말아서 안에 어떤 재료가 들어가도 잘 먹어요.
채소를 싫어하는 아이도 베이컨으로 만 채소는 잘 먹는답니다.

**재료**

긴 베이컨 16장
당근 30g
실파 20g
팽이버섯 30g

1

당근, 팽이버섯, 실파는 같은 길이로 썰어요.

2

채소를 감쌀 정도의 길이로 썬 베이컨에 채소를 적당히 올려요.

3

2를 돌돌 말아요. 같은 방법으로 여러 개 만들어 준비해요.

4

베이컨이 풀리지 않게 이음새 부분을 먼저 익힌 후 굴려가며 구워요.

TIP

약한 불에서 조리해야 타지 않고 노릇하게 구울 수 있어요.

# 양배추소시지볶음

감자새우국+베이컨채소말이+양배추소시지볶음+백김치

겨자소스로 만들어 맛이 색달라요.
소시지와 함께 볶으니까 아이들이 양배추도 냠냠 맛있게 잘 먹어요.

**재료**
양배추 70g
소시지 150g
다진 마늘 1작은술
소금 약간
식물성 오일 적당량

**겨자소스**
겨자 2큰술
올리고당 1큰술
레몬즙 1/2큰술
후춧가루 약간

1

양배추는 한입 크기로 썰어 끓는 물에 데친 뒤 찬물로 씻어 물기를 빼요.

2

소시지는 끓는 물에 5분가량 데친 후 물기를 빼 준비해요.

3

달군 팬에 오일을 두르고 다진 마늘을 볶다가 소시지를 빠르게 볶아요.

4

3에 양배추를 넣고 센불에서 빠르게 볶아요.

5

불을 끈 상태에서 분량의 겨자소스를 넣고 고루 섞어요.

TIP

양배추를 데친 후 물기를 완전히 제거해야 겨자소스의 맛이 묽어지지 않아요.

10

# 쇠고기버섯국

쇠고기버섯국 + 브로콜리완자조림 + 날치알달걀말이 + 물김치

콜레스테롤을 낮춰주는 효능이 있는 느타리버섯은
고기와 함께 요리하면 좋아요.

**재료**

쇠고기 양지 150g
느타리버섯 100g
실파 2뿌리
물 3컵
소금 약간

**고기양념**

간장 2큰술
다진 파 1큰술
다진 마늘 1/2큰술
참기름 1/2큰술
후춧가루 약간

1

한입 크기로 썬 쇠고기는 고기양념에 버무려 10분 정도 재어놓아요.

2

느타리버섯은 손질 후 먹기 편한 크기로 찢어요.

3

냄비에 1을 넣고 볶아요.

4

3에 분량의 물을 부어 3분 정도 끓여요.

5

4에 버섯을 넣고 2분 정도 더 끓이다 실파를 넣어 마무리해요.

TIP

1. 고기양념에 간장이 들어갔으니 소금 간은 필요시에만 하세요.
2. 거품은 걷어내며 끓여야 국물이 개운해요.

11

# 브로콜리완자조림

쇠고기버섯국 + 브로콜리완자조림 + 날치알달걀말이 + 물김치

다양한 채소가 어우러진 완자조림은 식감이 부드러워 아이들이 좋아해요.
구운 뒤 졸여내니 기름기가 적어 담백하답니다.

**재료**

돼지고기 안심 200g
브로콜리 30g
양파 10g
당근 10g
후춧가루 약간
밀가루 1큰술
다진 마늘 1/2큰술
식물성 오일 적당량
녹말물(녹말가루 1/2큰
물 1큰술)

**조림장**

간장 3큰술
올리고당 1큰술
물 2큰술
참기름 1작은술
후춧가루 약간

1

돼지고기 안심은 곱게 다진 후 후춧가루를 넣어 반죽해요.

2

브로콜리, 양파, 당근은 모두 잘게 썰어요.

3

다진 고기와 채소에 밀가루를 넣어 반죽한 후 둥글납작하게 빚어요.

4

달궈진 팬에 오일을 두르고 완자를 구워요.

5

팬에 조림장을 넣고 끓이다가 졸아들면 구운 완자와 녹말물을 넣어요.

TIP

녹말물은 한꺼번에 넣지 않고 농도를 확인하며 한 스푼씩 넣으세요.

12

# 날치알달걀말이

쇠고기버섯국+브로콜리완자조림+날치알달걀말이+물김치

맛있는 달걀말이 속에 톡톡 터지는 날치알이 들어있어요.

**재료**

달걀 4개
날치알 1큰술
실파 2뿌리
소금 약간
후춧가루 약간
식물성 오일 적당량

1

달걀은 거품기로 충분히 저어 풀어 놓아요.

2

1에 송송 썬 실파, 날치알, 소금, 후춧가루를 넣고 섞어요.

3

달궈진 팬에 종이타월을 이용해 오일을 바른 다음 2를 부어요.

4

반쯤 익었을 때 모양을 잡아 말아가며 익혀요.

TIP 약한 불에서 모양을 잡아가며 달걀물을 부어 익히세요.

13

# 오이미역냉국

오이미역냉국 + 깻잎고기전 + 버섯어묵볶음 + 김치

새콤달콤한 맛에 아이들도 후루룩 잘 먹어요. 오이미역냉국은 차게 먹을수록 더 맛있답니다.

**재료**

미역 6g
오이 2/3개
물 3컵
통깨 1큰술
천일염 약간

**양념**

식초 2~3큰술
올리고당 3큰술
다진 마늘 1/3큰술
소금 1/4작은술

1

오이는 천일염으로 문질러 씻은 후 0.5cm 두께로 어슷썰기해요.

2

자른 오이에 천일염을 약간 넣어 10분간 절인 후 흐르는 물에 씻어요.

3

미역은 물에 불린 후 소금물에 데쳐 찬물로 씻고 물기를 짜내요.

4

볼에 양념을 넣고 미역과 버무려 10분 정도 두어요.

5

4에 오이와 분량의 물을 넣고 통깨를 넣어 마무리해요.

TIP

간은 소금으로 먹기 직전에 맞추세요.

14

# 깻잎고기전

오이미역냉국+깻잎고기전+버섯어묵볶음+김치

이허낸 깻잎은 향이 강하지 않아 아이 반찬으로도 좋아요.
대표적인 명절요리인 깻잎고기전을 유아식으로 만들어볼까요?

**재료**

돼지고기 안심 200g
두부 1/3모
당근 10g
애호박 10g
양파 10g
깻잎 10~15장
소금 1/4작은술
후춧가루 약간
밀가루 1/2컵
달걀 2개
식물성 오일 적당량

1

돼지고기는 다진 후 소금, 후춧가루를 넣어 반죽해 재어두어요.

2

깻잎은 깨끗하게 씻은 뒤 물기를 털어내고 꼭지 부분을 잘라내요.

3

당근, 애호박, 양파는 잘게 다져요.

4

물기를 뺀 두부를 1에 으깨 넣고, 3을 넣어 힘 있게 반죽해요.

5

깻잎 안쪽에 밀가루를 묻힌 뒤, 깻잎의 1/3 크기의 고기반죽을 올려요.

6

5를 반으로 접고 밀가루, 달걀 순으로 입혀 중불에서 구워요.

TIP 고기전은 센불에서 익히면 속까지 고루 익지 않아요. 중불에서 은근하게 구워 속까지 고루 익히세요.

15

# 버섯어묵볶음

오이미역냉국+깻잎고기전+버섯어묵볶음+김치

어묵볶음은 밑반찬의 기본 중의 기본이죠. 여기에 버섯을 넣어 영양만점 아이 반찬을 만들어보세요.

**재료**

느타리버섯 50g
어묵 100g
양파 50g
식물성 오일 약간

**양념**

간장 1+1/2큰술
올리고당 1/2큰술
다진 파 1큰술
통깨 1작은술
후춧가루 약간

1

어묵은 적당한 크기로 썰어 준비해요.

2

양파는 1cm 두께로 썰고, 느타리버섯은 양파와 비슷한 두께로 찢어요.

3

달궈진 팬에 오일을 두르고 양파를 볶아요.

4

양파가 투명하게 볶아지면 어묵과 분량의 양념 재료를 넣어 볶아요.

16

# 쇠고기미역국

쇠고기미역국+마파두부+콩나물무침+김치

생일날 아침에 끓이는 쇠고기미역국! 자주 먹어 아이가 익숙해하고 영양도 풍부해 기본이 되는 국요리 중 하나이지요.

**재료**

쇠고기 안심 100g
미역 10g
다진 마늘 1/2큰술
물 4컵
국간장 2큰술

1

한입 크기로 썬 쇠고기는 종이타월을 이용해 핏기를 제거해 준비해요.

2

미역은 물에 불린 뒤 물기를 짜내요.

3

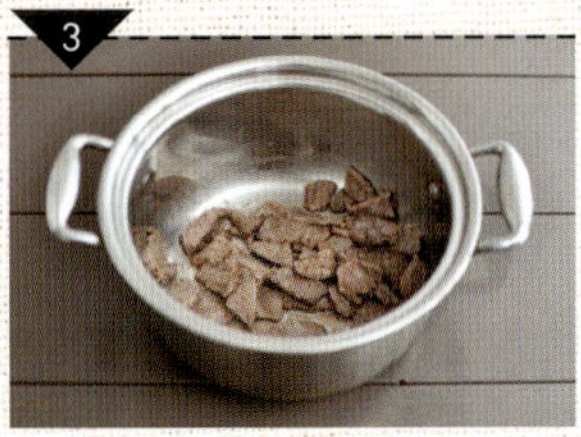

냄비를 달군 뒤 쇠고기를 넣어 볶아요.

4

3에 미역을 넣고 함께 볶아요.

5

분량의 물을 붓고 다진 마늘을 넣어 3분 정도 끓여요.

TIP

심심하면 국간장으로 간하고 3분 정도 더 끓이세요.

# 마파두부

쇠고기미역국+마파두부+콩나물무침+김치

아이 입맛에 맞춰 맵지 않아요. 고기와 잘 어우러진 두부의 맛이 일품이랍니다. 특별한 날의 요리로도 잘 어울려요.

### 재료

두부 1/2모
돼지고기 안심 50g
다진 마늘 1큰술
실파 3뿌리
참기름 1/2작은술
후춧가루 약간
식물성 오일 적당량
녹말물(녹말가루 1큰
물 2큰술)

### 소스

간장 3큰술
올리고당 1큰술
맛술 1큰술
물 1/2컵

1

돼지고기는 다진 후 후춧가루를 넣고 재어두어요.

2

두부는 사방 1cm 크기로 깍둑썰기 해요.

3

달궈진 팬에 오일을 두르고 마늘을 볶다가 다진 고기를 넣어 볶아요.

4

3에 분량의 소스, 두부, 실파를 넣고 부스러지지 않게 살살 볶아요.

5

녹말물로 농도를 맞춘 뒤 불을 끄고 참기름을 넣어 마무리해요.

**TIP**

아이가 매콤한 걸 좋아하면 두반장소스와 고춧가루를 살짝 넣어도 돼요.

18

# 콩나물무침

쇠고기미역국+마파두부+콩나물무침+김치

콩나물에는 뇌세포에 산소 공급을 활발히 해주는 성분이 들어있답니다.
그 밖에도 비타민C가 풍부해 감기 예방에도 좋아요.

**재료**

콩나물 200g
다진 마늘 1/4작은술
실파 3뿌리
소금 약간
참기름 1작은술
통깨 약간

1

콩나물은 꼬리 부분을 잘라내고 씻은 후 물기를 털어내 준비해요.

2

끓는 물에 콩나물을 삶아요.

3

삶아낸 콩나물은 찬물에 씻은 후 체에 밭쳐 물기를 빼요.

4

송송 썬 실파와 다진 마늘, 소금, 참기름, 통깨를 넣고 버무려요.

TIP

소금은 간을 보면서 조금씩 넣어주세요.

# 버섯맑은국

버섯맑은국+감자어묵볼+고구마땅콩조림+오이소박이

바지락은 성장촉진작용과 식욕증진 효과가 있고 비타민B가 풍부해 빈혈 예방에도 도움을 줘요. 담백하고 순한 육수는 유아식에도 잘 맞아요.

**재료**

느타리버섯 50g
새송이버섯 50g
바지락 200g
물 4컵
다진 마늘 1/2큰술
실파 3뿌리
후춧가루 약간
소금 약간

1

바지락은 소금물에 30분 해감한 뒤 흐르는 물에 비벼가며 씻어요.

2

새송이버섯은 반달 모양으로 썰고, 느타리버섯은 한입 크기로 찢어요.

3

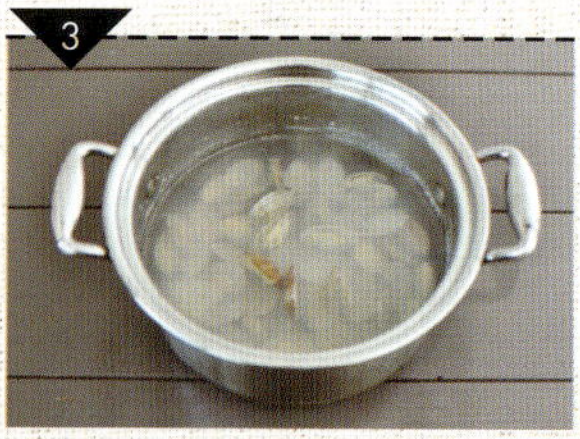

분량의 물에 바지락을 넣고 3분 정도 끓여요.

4

면보나 여과지를 이용해 육수를 걸러내요.

5

냄비에 걸러낸 육수를 붓고 다진 마늘과 2를 넣고 3분 정도 끓여요.

6

5에 4를 넣어 끓이다 소금, 후춧가루로 간하고 실파 넣고 한소끔 끓여요.

TIP 걸러낸 바지락은 흐르는 물에 살짝 씻어주면 남아있는 이물질을 완전히 제거할 수 있어요.

20

# 감자어묵볼

버섯맑은국 + 감자어묵볼 + 고구마땅콩조림 + 오이소박이

동글동글 모양도 귀여운 감자어묵볼! 떡처럼 쫄깃쫄깃한 식감은 아이의 호기심을 자극해요.

**재료**

감자 1개
대구살(국내산) 120g
청주 2큰술
후춧가루 약간
당근 10g
양파 10g
실파 10g
녹말가루 2큰술
소금 약간

1

손질한 대구살은 다진 후 청주와 후춧가루에 10분 정도 재어요.

2

당근, 양파, 실파는 잘게 다져요.

3

감자는 손질 후 강판에 갈아 체에 밭쳐 물기를 빼요.

4

걸러낸 감자물은 그대로 두어 윗물은 버리고 전분만 남겨요.

5

대구살, 다진 채소, 감자, 감자전분, 녹말가루, 소금을 넣고 반죽해요.

6

5를 둥글게 빚어 오일을 넉넉히 두른 뒤 중불에서 노릇하게 구워요.

21

# 고구마땅콩조림

버섯맑은국 + 감자어묵볼 + 고구마땅콩조림 + 오이소박이

달콤한 고구마와 고소한 땅콩이 만났어요. 아이들 입맛에 딱 맞는 반찬이에요.
다른 견과류를 넣어도 맛있답니다.

**재료**
고구마 400g
땅콩 60g
식물성 오일 적당량
참기름 1작은술
통깨 1/2작은술

**양념**
간장 3큰술
물 3큰술
맛술 2큰술
올리고당 2큰술

1

고구마는 껍질을 벗겨 사방 1cm 크기로 깍둑썰기해요.

2

땅콩도 껍질을 벗겨 준비해요.

3

달궈진 팬에 오일을 두르고 고구마가 타지 않게 약불에서 구워요.

4

고구마가 익으면 간장, 물, 맛술, 올리고당을 넣고 조려요.

5

양념이 자작해질 때 땅콩을 넣고 조려요.

6

참기름, 통깨를 넣고 버무린 뒤 불에서 내려요.

TIP 타지 않게 약불에서 조리하는 게 중요해요.

22

# 모시조개두부조치

모시조개두부조치+삼치마요구이+표고버섯조림+동치미

부드러운 두부를 주재료로 하고 소금 대신 새우젓으로 맛을 내 자극적이지 않아요. 모시조개를 넣어 국물이 시원해요.

**재료**
두부 1/2모
모시조개 200g
물 4컵
다진 마늘 1/2큰술
새우젓 1/2큰술
실파 3뿌리

1

모시조개는 소금물에 30분 해감한 뒤 흐르는 물에 비벼가며 씻어요.

2

두부는 사방 1cm 크기로 깍둑썰기 해요.

3

분량의 물에 모시조개를 넣고 3분가량 끓여요.

4

면보나 여과지를 이용해 육수를 걸러내요.

5

냄비에 육수, 다진 마늘, 두부를 넣어 2분가량 끓여요.

6

5에 모시조개와 송송 썬 실파를 넣고 한소끔 더 끓여요.

TIP 모시조개 대신 제철 조개로 대체해도 돼요. 마지막에 소금 대신 새우젓으로 간하세요.

# 삼치마요구이

모시조개두부조치 + 삼치마요구이 + 표고버섯조림 + 동치미

DHA가 풍부한 삼치에 마요네즈로 만든 소스를 발랐어요. 마요네즈소스에 들어간 양파가 비린내를 잡아주고 뒷맛을 깔끔하게 해줘요.

**재료**

삼치 1마리
청주 1큰술
소금 약간
후춧가루 약간

**마요네즈소스**

다진 양파 4큰술
마요네즈 4큰술
파슬리 1/2작은술

1

삼치는 살만 발라내 청주, 소금, 후춧가루에 10분 정도 재어요.

2

200℃로 예열된 오븐에 뒷부분부터 15분 정도 구워요.

3

삼치를 굽는 동안 양파, 마요네즈, 파슬리를 섞어 소스를 만들어요.

4

1차 구이 한 삼치를 뒤집어 소스를 바르고 오븐에서 10분간 구워요.

TIP 삼치는 손질할 때 가시를 완전히 발라내세요.

24

# 표고버섯조림

모시조개두부조치+삼치마요구이+표고버섯조림+동치미

표고버섯은 비타민D가 풍부해 성장기 아이의 뼈를 튼튼하게 해줘요.
간장조림으로 만들어주면 아이 밥반찬으로 잘 어울린답니다.

**재료**

표고버섯 7개
통깨 1작은술
실파 1뿌리

**조림장**

물 1/2컵
간장 3큰술
올리고당 1큰술
맛술 1큰술
다진 마늘 1/2작은술
다진 파 1작은술
참기름 1큰술
후춧가루 약간

1

표고버섯은 솔로 이물질을 털어낸 뒤 기둥을 떼어내고 6등분해요.

2

냄비에 조림장과 표고버섯 기둥을 넣고 3분 정도 끓여요.

3

2에 1을 넣고 끓이다가 조림장이 자작해지면 통깨를 넣어 섞어요.

4

마지막으로 송송 썬 실파를 넣어 살짝 볶은 뒤 불에서 내려요.

TIP

느타리버섯, 새송이버섯, 양송이버섯 등 여러 가지 버섯을 응용해 만들어보세요.

# Part 3

# 씹는 습관을 길러주는 유아 식단

01

# 홍합뭇국

홍합뭇국 + 칠리오징어볶음 + 다시마감자조림 + 오이소박이

홍합은 피로회복에 좋은 타우린뿐만 아니라 칼슘, 철분, 단백질, 인, 비타민A, B, B2가 풍부하게 들어있어요. 활동량이 많은 아이에게 딱 좋아요.

**재료**

홍합 500g
무 150g
다시마(3cmx3cm) 5장
다진 마늘 1작은술
대파 1/2뿌리
물 5컵
소금 약간
후춧가루 약간

1

홍합은 수염을 떼어내고 흐르는 물에 문질러 깨끗하게 씻어요.

2

무는 0.5cm 두께로 도톰하게 채 썰고 대파는 가늘게 어슷썰기를 해요.

3

분량의 물에 홍합, 다시마를 넣고 끓여요.

4

홍합이 익으면 여과지나 면보를 이용해 육수를 걸러내요.

5

육수에 다진 마늘, 무를 넣고 무가 익을 때까지 끓여요.

6

5에 홍합살을 넣고 소금, 후춧가루로 간하고 파를 넣어 한소끔 더 끓여요.

TIP

홍합은 솔을 이용해 문질러 씻으세요.

02

# 칠리 오징어 볶음

홍합뭇국 + 칠리오징어볶음 + 다시마감자조림 + 오이소박이

쫄깃한 오징어와 새콤달콤한 칠리소스가 잘 어울려요.
매콤한 맛을 줄이고 새콤달콤한 맛을 더해서 아이들도 잘 먹어요.

**재료**

오징어 1마리
당근 50g
애호박 50g
파슬리가루 약간
식물성 오일 적당량

**칠리소스**

다진 양파 60g
다진 마늘 2큰술
토마토케첩 6큰술
핫소스 1작은술
올리고당 2큰술
청주 2큰술
후춧가루 약간

1

오징어는 손질 후 씻은 뒤 끓는 물에 데치고 사방 2cm 크기로 썰어요.

2

애호박과 당근은 부채꼴 모양으로 도톰하게 썰어요.

3

팬에 오일을 두르고 다진 양파, 다진 마늘을 타지 않게 저어가며 볶아요.

4

3에 소스 재료를 넣어 되직해질 때까지 졸이다가 후춧가루를 넣어요.

5

당근, 애호박을 먼저 볶다가 오징어를 넣고 센불에서 빠르게 볶아요.

6

5에 칠리소스를 넣고 빠르게 볶아낸 후 파슬리가루를 약간 뿌려요.

TIP

핫소스 대신 고추장 1/2작은술을 넣어 요리해도 돼요.

03

# 다시마감자조림

홍합뭇국 + 칠리오징어볶음 + 다시마감자조림 + 오이소박이

주로 요리의 감초역할을 하는 다시마를 주재료로 반찬을 만들어보았어요.
아이에게 다시마의 색다른 식감을 알려주세요.

**재료**
감자 1개
다시마(3cmx3cm) 10장
통깨 1작은술

**조림장**
다시마육수 1/2컵
간장 3큰술
올리고당 1큰술
다진 마늘 1작은술
다진 파 1큰술
참기름 1큰술
후춧가루 약간

1

씻은 다시마는 물에 넣고 끓여요.

2

끓인 다시마는 한입 크기로 잘게 썰어요.

3

사방 1cm 크기로 깍둑썰기한 감자는 흐르는 물에 씻어 물기를 빼요.

4

팬에 오일을 두르고 감자를 넣어 2/3가량 익을 때까지 볶아요.

5

조림장을 만들어 4에 넣어 끓이다가 중불에서 조려요.

6

국물이 1/2로 줄면 다시마를 넣고 자작하게 조린 뒤 통깨를 넣어요.

TIP 데친 다시마는 미끈거리므로 가위로 자르는 것이 안전해요.

04

# 파만둣국

파만둣국 + 에그넷볶음밥 + 쇠고기뱅어포구이 + 피클

파는 몸을 따뜻하게 하는 일리신이 듬뿍 들어있어 감기 예방에 좋아요.
만두피 대신 파를 사용해서 파를 싫어하는 아이들도 신기해하며 잘 먹어요.

**재료**

대파(흰 부분) 3~4뿌리
돼지고기 안심 200g
콩나물 20g
당근 20g(반죽)
양파 20g(반죽)
새송이버섯 20g
소금 약간
후춧가루 약간
밀가루 1/2컵
다시마육수 4컵
다진 마늘 1컵
당근 30g(국물)
양파 30g(국물)
달걀 1개
김 1장

1

고기는 곱게 다진 후 소금, 후춧가루를 넣어 밑간을 해요.

2

콩나물, 당근, 양파, 새송이버섯은 잘게 썰어요.

3

1에 2와 물기를 제거한 두부를 으깨 넣어 힘 있게 반죽해요.

4

손질한 대파(흰 부분)는 3cm 길이로 썬 뒤 가운데 부분을 빼요.

5

파 안쪽에 밀가루를 묻혀 3을 담고 밀가루를 입혀 찜통에 10분간 쪄요.

6

육수에 양파, 당근, 다진 마늘을 넣고 끓이다가 5를 넣고 한소끔 더 끓여요.

TIP 파 안에 고기를 넣을 때 촘촘하게 넣어야 찐 후에도 고기와 파가 분리되지 않아요.

05

# 에그넷볶음밥

파만둣국 + 에그넷볶음밥 + 쇠고기뱅어포구이 + 피클

그물 속에 들어있는 볶음밥 모양이 아이의 식사시간을 즐겁게 만들어준답니다.
재미있어서 한입, 맛있어서 한입…!

**재료**
달걀 1개
밥 1공기
당근 10g
애호박 10g
양파 10g
표고버섯 1개
소금 약간
후춧가루 약간
식물성 오일 적당량

1

당근, 애호박, 양파, 표고버섯은 손질 후 잘게 썰어요.

2

달걀은 저어 풀은 뒤 체에 내려요.

3

팬에 오일을 두르고 1을 넣고 볶아요.

4

3에 밥을 넣고 볶다가 소금, 후춧가루로 간을 맞춰요.

5

그릇에 볶음밥을 꾹꾹 눌러 담은 뒤 꺼내 모양을 내요.

6

달걀을 그물 모양으로 짜내 한쪽 면만 익혀 볶음밥을 감싸요.

TIP 달걀지단은 한쪽만 살짝 익혀야 부서지지 않아요. 아이 물약통에 달걀을 담아 모양을 만들면 편리해요.

06

파만둣국 + 에그넷볶음밥 + 쇠고기뱅어포구이 + 피클

# 쇠고기뱅어포구이

잔멸치와 새우보다 칼슘함량이 높은 뱅어포에 단백질, 철분이 풍부한 쇠고기를 넣어 만들었어요. 아이들 간식으로도 좋아요.

**재료**

뱅어포(20cmx15cm) 2장
쇠고기안심 100g
밀가루 2큰술
식물성 오일 적당량

**고기양념**

다진 마늘 1/2작은술
통깨 1작은술
참기름 1/2작은술
소금 약간
후춧가루 약간

1

쇠고기는 다진 후, 고기양념 재료들을 모두 넣어 버무려요.

2

뱅어포는 한쪽 면에 밀가루를 묻히고 1을 얇게 펴 얹어요.

3

밀가루를 묻힌 뱅어포로 2를 눌러 덮어요.

4

오일을 두른 팬에 쇠고기뱅어포를 구운 뒤 적당한 크기로 잘라요.

TIP

뱅어포에 밀가루를 입힌 뒤 뭉치지 않게 가볍게 털어내세요.

07

# 굴림만둣국

굴림만둣국 + 콩나물잡채 + 무생채 + 김치

굴림만두는 만두피를 사용하지 않고 밀가루를 입혀 만든 만두를 말해요.
유아식에는 만두피 없이 소량의 밀가루만 사용해 만들면 좋아요.

**재료**

돼지고기 안심 200g
콩나물 20g
당근 20g(반죽)
양파 20g(반죽)
새송이버섯 20g
소금 약간
후춧가루 약간
밀가루 1/2컵
다시마육수 4컵
다진 마늘 1컵
당근 30g(국물)
양파 30g(국물)
달걀 1개
김 1장

1

고기는 곱게 다진 후 소금, 후춧가루를 넣어 밑간해요.

2

콩나물, 양파, 당근, 새송이버섯은 잘게 썰어요.

3

1에 2와 물기를 제거한 두부를 으깨 넣어 힘 있게 반죽해요.

4

동그랗게 빚은 고기는 밀가루를 입혀 찜통에 넣어 10분 정도 쪄요.

5

국에 들어가는 양파와 당근은 도톰하게 채 썰어요.

6

육수에 양파, 당근, 다진 마늘을 넣고 끓이다가 5를 넣고 한소끔 더 끓여요.

TIP

고기에 밀가루를 입힐 때 밀가루와 달걀물을 번갈아가며 2~3번 정도 입혀주세요.

08

# 콩나물잡채

굴림만두국 + 콩나물잡채 + 무생채 + 김치

아이들이 좋아하는 잡채에 아삭아삭 씹히는 맛이 좋은 콩나물을 듬뿍 넣었어요.

**재료**

콩나물 70g
당근 30g
애호박 30g
당면 100g
식물성 오일 적당량

**양념**

간장 2큰술
올리고당 1큰술
다진 마늘 1작은술
다진 파 1큰술
참기름 1큰술
통깨 1작은술

1

콩나물은 손질 후 깨끗하게 씻어 준비해요.

2

애호박과 당근은 도톰하게 채 썰어요.

3

당근과 애호박은 볶아내고, 콩나물은 끓는 물에 데친 후 물기를 빼요.

4

당면은 30분간 물에 불린 뒤 끓는 물에 삶아 체에 밭쳐 물기를 빼요.

5

볼에 준비한 재료들을 모두 넣고 양념을 넣어 버무려요.

09

# 무생채

굴림만둣국 + 콩나물잡채 + 무생채 + 김치

절인 무로 만들어서 무 특유의 아린 맛이 없고 입안을 개운하게 해줘요.
익히지 않았기 때문에 무의 아삭함이 살아있어요.

**재료**

무 200g
천일염 1작은술
고춧가루 1/2작은술
실파 2뿌리
참기름 1작은술
통깨 1/2작은술

1

무는 손질 후 0.5cm 두께로 채 썰어 천일염에 버무려 10분간 절여요.

2

절인 무는 흐르는 물에 빠르게 씻은 후 체에 밭쳐 물기를 빼요.

3

볼에 2를 담고 고춧가루를 넣어 버무려요.

4

참기름과 통깨를 넣고 버무린 후 송송 썬 실파를 넣어 마무리해요.

TIP

맵지 않은 고춧가루로 요리하세요.

10

# 배추된장국

배추된장국 + 닭가슴살떡갈비 + 오징어채볶음 + 물김치

속에 부담스럽지 않아 아침 밥상에도 잘 어울리는 배추된장국이에요.
섬유소와 비타민C가 풍부한 배추와 단백질이 풍부한 된장은 함께 요리하면 좋아요.

**재료**

배추속대 4장
된장 2큰술
물 4컵
국멸치 5마리
건새우 5마리
다진 마늘 1작은술
대파(초록 부분) 1/2뿌리

1

배추는 2등분 후 3cm 크기로 썰고, 대파는 얇게 어슷썰기를 해요.

2

분량의 물에 멸치와 건새우를 넣어 끓인 뒤 건더기는 건져내요.

3

2에 된장을 풀어 넣고 다진 마늘을 넣어 끓여요.

4

3에 배추를 넣어 끓이다 배추가 익으면 파를 넣어 한소끔 더 끓여요.

TIP
멸치와 건새우는 흐르는 물에 살짝 씻어 이물질을 제거한 뒤 사용하세요.

# 닭가슴살떡갈비

배추된장국 + 닭가슴살떡갈비 + 오징어채볶음 + 물김치

부드럽고 담백한 닭가슴살을 오븐으로 구워 기름기까지 쏙 뺐어요.
채소들도 콕콕 박혀서 밥반찬으로 먹어도, 간식으로 먹어도 좋아요.

**재료**

닭가슴살 300g
당근 10g
애호박 10g
양파 10g

**양념**

간장 2큰술
올리고당 1큰술
맛술 1큰술
다진 마늘 1작은술
참기름 1/2큰술
통깨 1작은술
후춧가루 약간

1

닭가슴살은 껍질을 벗겨 기름기를 제거한 후 깨끗하게 씻어요.

2

양파, 당근, 애호박도 손질 후 깨끗하게 씻어 썰어 준비해요.

3

믹서에 잘게 썬 닭가슴살과 2를 넣고 분량의 양념을 부어 곱게 갈아요.

4

오븐 팬에 종이호일을 깔고 3을 평평하게 2cm 두께로 고루 펴요.

5

190℃로 예열된 오븐에서 4를 15분간 굽고 적당한 크기로 썰어요.

TIP

기름을 사용하지 않고 찜으로도 요리해보세요.

12

# 오징어채볶음

배추된장국 + 닭가슴살떡갈비 + 오징어채볶음 + 물김치

오징어채를 흐르는 물에 씻으면 부드러워져서 아이들이 먹기 편해요.
쫄깃쫄깃 짭조름해서 아이들이 좋아하지요.

**재료**

오징어채 150g
검은깨 1작은술

**양념**

간장 1 + 1/2큰술
물 4큰술
올리고당 1 + 1/2큰술
맛술 1큰술
참기름 1큰술
후춧가루 약간

1

오징어채는 체에 담아 흐르는 물에 씻은 뒤 물기를 빼요.

2

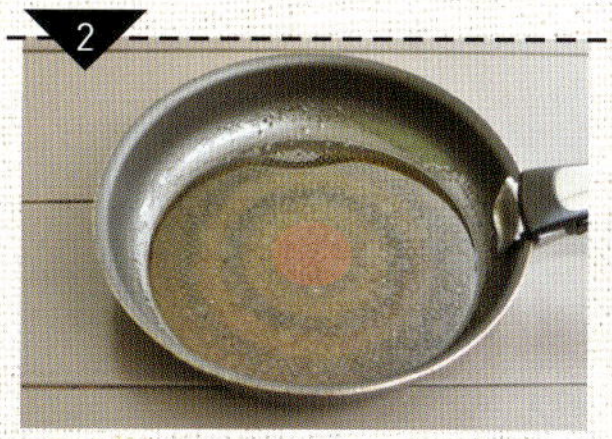

달군 팬에 분량의 양념을 넣어 끓여요.

3

바글바글 끓으면 오징어채를 넣어 저어가며 볶아요.

4

양념이 오징어채에 완전히 스며들면 검은깨를 넣어 마무리해요.

TIP
오징어채는 물에 씻어 요리해야 딱딱하지 않아요.

13

# 다시마감잣국

다시마감잣국＋오징어무조림＋치즈달걀찜＋백김치

다시마와 감자는 궁합이 잘 맞아요. 다시마에는 칼슘이 풍부하고 감자는 비타민C가 풍부해 혈관을 튼튼하게 해준답니다.

**재료**

감자 1개
다시마(3cmx3cm) 6
국간장 1큰술
다진 마늘 1작은술
대파 1/2뿌리
물 4컵

1

분량의 물에 씻은 다시마를 넣어 20분 정도 불린 뒤 끓여요.

2

육수가 끓어 다시마가 떠오르면 건져내 사방 2cm 크기로 썰어요.

3

감자는 2cm 크기로 도톰하게 썰어 물에 씻은 뒤 체에 밭쳐 물기를 빼요.

4

양파는 채 썰고 파는 어슷하게 썰어요.

5

다시마육수에 감자, 다진 마늘, 양파를 넣고 끓여요.

6

감자가 익으면 국간장으로 간하고 다시마, 파를 넣어 한소끔 더 끓여요.

TIP

데친 다시마는 미끈거리므로 가위로 자르는 것이 안전해요.

14

# 오징어무조림

다시마감잣국 + 오징어무조림 + 치즈달걀찜 + 백김치

무와 함께 조리면 오징어가 부드러워져서 아이가 먹기 편해요.

**재료**
오징어 1마리
무 100g
통깨 1큰술

**조림장**
간장 3큰술
올리고당 1큰술
맛술 1큰술
다진 마늘 1작은술
물 1/4컵
후춧가루 약간

1

오징어는 손질 후 깨끗하게 씻어요.

2

끓는 물에 오징어를 데친 후 사방 2cm 크기로 썰어요.

3

무는 손질 후 도톰하게 썰어 끓는 물에 데친 후 물기를 빼요.

4

냄비에 조림장 재료, 오징어, 무를 넣어 센불에서 끓여요.

5

끓어오르면 중불에서 조리다가 조림장이 자작해지면 통깨를 뿌려요.

TIP
아이 반찬을 만들 때는 오징어 껍질을 벗겨내세요. 오징어 껍질이 남아있으면 아이가 씹기 힘들어해요.

15

# 치즈달걀찜

다시마감잣국＋오징어무조림＋치즈달걀찜＋백김치

입안에서 사르르 녹는 달걀찜과 쭈욱 늘어나는 모차렐라치즈가 만났어요.
채소도 듬뿍 들어가 영양까지 가득 담은 아이반찬이에요.

**재료**

달걀 3개
당근 5g
애호박 5g
양파 5g
물 1컵
모차렐라치즈 20g
소금 약간
후춧가루 약간
파슬리가루 약간

1

당근, 양파, 애호박은 잘게 썰어요.

2

풀어놓은 달걀을 고운체에 걸러내요.

3

2에 1을 넣고 분량의 물을 붓고 소금, 후춧가루를 섞어요.

4

그릇 윗면에 종이호일이나 한지를 올려 덮어 찜통에 15분 정도 쪄요.

5

치즈를 넣고 다시 덮어 10분간 찐 후 파슬리가루를 살짝 뿌려요.

TIP

1. 달걀물의 거품은 걷어내세요.
2. 파슬리가루 대신 실파를 넣어도 돼요.

16

# 시금치된장국

시금치된장국+애호박새우볶음+고등어강정+백김치

시금치에는 비타민A가 채소 중 가장 많아요. 비타민C와 칼슘도 풍부하고 특히 철분이 풍부한 알칼리성 식품이랍니다.

**재료**

시금치 80g
된장 2큰술
물 4컵
국멸치 5마리
건새우 5마리
다진 마늘 1작은술

1

시금치는 뿌리를 잘라내고 깨끗하게 씻어 체에 밭쳐 물기를 빼요.

2

분량의 물에 멸치와 건새우를 넣어 끓인 뒤 건더기는 건져내요.

3

2에 된장을 풀어 넣고 다진 마늘을 넣어 끓여요.

4

3에 시금치를 넣고 부드럽게 익을 때까지 끓여요.

TIP 너무 오래 끓이면 시금치의 영양소가 파괴되니 주의하세요.

17

# 애호박새우볶음

시금치된장국 + 애호박새우볶음 + 고등어강정 + 백김치

칼슘이 풍부한 건새우에 채소를 함께 넣어 부족할 수 있는 비타민을 채웠어요.
애호박뿐 아니라 마늘종 등 다양한 채소를 넣어보세요.

**재료**

애호박 100g
소금 1/2작은술
건새우 30g
다진 마늘 1/2작은술
검은깨 1/2작은술
식물성 오일 적당량

1 

애호박은 손질 후 반달 모양으로 1cm 두께로 썰어요.

2 

1을 소금으로 버무려 10분간 절인 다음 씻어 물기를 빼요.

3 

건새우는 머리를 떼어내고 체에 밭쳐 흐르는 물에 씻은 뒤 물기를 빼요.

4 

오일을 두룬 팬에 마늘 먼저 볶다가 애호박을 넣어 중불에서 볶아요.

5 

4에 새우를 넣고 볶다가 검은깨를 넣어 마무리해요.

**TIP**

아이 반찬으로 준비하는 건새우는 입안에 상처가 날 수도 있으니 뾰족한 머리 부분을 잘라내어 사용하는 게 좋아요.

18

# 고등어강정

시금치된장국+애호박새우볶음+고등어강정+백김치

등푸른 생선의 대표인 고등어에는 DHA와 EPA가 많아요. 고등어튀김에 양념치킨맛의 강정소스를 발라서 생선을 싫어하는 아이도 잘 먹어요.

**재료**

고등어 2마리
우유 1컵
녹말가루 2큰술
후춧가루 약간
식물성 오일 적당량

**튀김옷**

달걀흰자 1개분
녹말가루 1/2컵
물 1/2컵

**강정소스**

다진 양파 40g
다진 당근 20g
다진 마늘 10g
토마토케첩 4큰술
고춧가루 1작은술
물 1큰술
올리고당 2큰술
마요네즈 1/2큰술
간장 1/2큰술
참기름 1큰술
다진 땅콩 1큰술
후춧가루 약간
식물성 오일 적당량

1

손질한 고등어는 살만 발라내 우유와 후춧가루에 10분 정도 재어요.

2

1을 사방 2cm 크기로 썰어 녹말가루를 넣고 살살 버무려요.

3

양파, 당근, 마늘은 곱게 다져 준비하고, 소스 재료도 미리 섞어 준비해요.

4

녹말물의 윗물은 버리고 달걀흰자를 섞어 만든 튀김옷에 2를 넣어요.

5

팬에 오일을 넉넉히 두르고 달군 뒤 4를 두 번 튀겨요.

6

분량의 소스를 중불에서 끓이다가 5를 넣어 볶은 뒤 다진 땅콩을 뿌려요.

TIP

고등어의 비린내는 찬 우유나 청주에 10분 정도 재어두면 잡을 수 있어요.

# Part 4

# 다양한 맛과 식감을 담은 유아 식단

01

# 오징어국

오징어국 + 시금치참깨무침 + 감자멸치볶음 + 김치

오징어국은 고추장으로 얼큰하게 끓여내야 제 맛이죠. 매운 음식을 먹지 못하는 아이들을 위해 된장으로 맛을 내어보았어요.

**재료**

오징어(몸통) 1마리
콩나물 30g
무 30g
물 4컵
다시마(3cmx3cm) 3장
된장 2큰술
다진 마늘 1작은술
대파 1/2뿌리

1

오징어는 손질 후 깨끗하게 씻어 사방 2cm 크기로 썰어요.

2

콩나물은 다듬어 씻고, 대파는 어슷하게, 무는 한입 크기로 썰어요.

3

분량의 물에 다시마를 넣어 20분 정도 불린 뒤 끓여요.

4

육수가 만들어지면 다시마를 건져내고 된장을 풀어 넣어요.

5

4에 오징어, 콩나물, 무, 다진 마늘을 넣어 끓여요.

6

재료들이 익으면 대파를 넣고 한소끔 더 끓여요.

TIP 오징어의 껍질은 질기므로 아이 요리를 만들 때는 벗겨내세요.

02

오징어국+시금치참깨무침+감자멸치볶음+김치

# 시금치 참깨무침

건강한 식사의 완성은 재료를 그대로 요리해도 잘 먹을 수 있을 때 아닐까요?
시금치 본연의 맛을 느끼게 요리해보세요.

**재료**
시금치 150g
참깨 1작은술
다진 마늘 1/4작은술
소금 약간
참기름 1작은술

1

시금치는 손질 후 깨끗하게 씻어요.

2

끓는 물에 손질한 시금치를 살짝 데쳐요.

3

데친 시금치는 찬물에 빠르게 씻어 물기를 빼요.

4

참깨는 손절구를 이용해 곱게 갈아요.

5

볼에 시금치, 참깨, 다진 마늘, 참기름, 소금을 넣어 버무려요.

TIP

시금치를 데칠 때에는 끓는 물에 담가 두세 번 휘젓다가 바로 꺼내야 영양 손실을 줄일 수 있어요.

03

# 감자멸치볶음

오징어국+시금치참깨무침+감자멸치볶음+김치

멸치는 칼슘과 무기염류가 풍부하고, 감자는 소화흡수를 도와줘요.
멸치와 감자를 달콤한 양념으로 볶아서 아이 반찬을 만들었어요.

**재료**

감자 2개
작은 멸치 30g
실파 2뿌리
식물성 오일 적당량

**양념**

간장 3큰술
물 6큰술
올리고당 2큰술
맛술 1큰술
참기름 1작은술
통깨 약간

1

손질한 감자는 2cm 크기로 깍둑썰기하고 찬물에 씻어 체에 밭쳐요.

2

멸치는 체에 밭친 채 씻고 그대로 두어요.

3

팬에 오일을 두르고 감자가 익을 때까지 볶아요.

4

4에 멸치를 넣고 볶아요.

5

냄비에 분량의 양념을 붓고 양이 1/2로 줄을 때까지 끓여요.

6

4에 5를 붓고 양념이 자작해질 때까지 볶고 실파와 통깨로 마무리해요.

04

# 어묵떡국

어묵떡국 + 얼갈이된장무침 + 참치김치볶음

추운 날이면 생각나는 어묵국! 어묵국에 쫄깃한 떡을 넣어보았어요.

**재료**

어묵 100g
떡 100g
무 50g
다진 마늘 1작은술
실파 3뿌리
다시마(3cmx3cm) 3장
국멸치 5마리
건새우 10g
물 4컵
소금 약간
후춧가루 약간

1

무와 어묵은 손질 후 3cm 크기로 도톰하게 썰어요.

2

떡은 물에 씻어 준비해요.

3

분량의 물에 다시마를 넣어 불린 뒤 멸치와 새우를 넣고 끓여요.

4

육수의 건더기는 건져내고 무와 다진 마늘을 넣어 끓여요.

5

무가 익으면 떡과 어묵을 넣고 끓여요.

6

떡, 어묵이 익으면 소금, 후춧가루로 간하고 실파를 넣어 한소끔 더 끓여요.

TIP
떡에 묻은 기름기는 깨끗하게 씻어낸 후 요리하세요.

05

# 얼갈이 된장무침

어묵 떡국 + 얼갈이 된장무침 + 참치 김치볶음

된장은 납두균과 레시틴 성분을 다량 함유하고 있어 뇌를 건강하게 해준답니다. 뇌발달이 활발한 성장기에는 소금보다는 된장을 이용해 요리해주세요.

**재료**

얼갈이 5포기

**양념**

된장 2큰술
올리고당 1큰술
참기름 1큰술
맛술 1큰술
다진 마늘 1작은술
통깨 1큰술

1

얼갈이는 뿌리 부분을 잘라내고 깨끗하게 씻어요.

2

끓는 물에 얼갈이를 살짝 데쳐요.

3

데친 얼갈이는 찬물에 씻어 체에 밭쳐 물기를 빼요.

4

그릇에 분량의 양념 재료를 모두 넣고 섞어요.

5

물기를 뺀 얼갈이에 4를 넣어 고루 섞어요.

TIP

데친 얼갈이는 체에 밭쳐 물기를 충분히 빼야 소스와 버무릴 때 물이 덜 생겨요.

06

# 참치김치볶음

어묵떡국+얼갈이된장무침+참치김치볶음

한국인이라면 어릴 적부터 가장 많이 먹게 되는 음식이 김치가 아닐까요? 그만큼 다양한 조리법이 있는데요, 이번엔 참치와 볶아보았어요.

**재료**

김치 80g
참치 100g
올리고당 1작은술
참기름 1작은술
검은깨 1작은술
식물성 오일 적당량

1

김치는 양념을 털어 준비해요.

2

사방 1cm 크기로 김치를 잘게 썰어요.

3

참치는 체에 밭쳐 기름기를 빼요.

4

팬에 오일을 살짝 두르고 김치와 올리고당을 넣고 먼저 볶아요.

5

4에 참치를 넣고 볶다가 참기름과 검은깨로 마무리해요.

TIP

아이가 매운 음식을 잘 못 먹는다면 물에 김치를 씻어서 요리해 주세요.

07

# 갈비탕

갈비탕+두부완자+고사리볶음+오이소박이

엄마의 정성이 가득 담긴 갈비탕이에요. 푹 끓여낸 갈비는 부드러워 아이가 먹기에도 부담 없어요.

**재료**

소갈비 600g
무 200g
양파 40g
통마늘 4쪽
대파 1뿌리
월계수잎 1장
통후추 1/4작은술
물 6컵
새송이버섯 40g
팽이버섯 40g
달걀 1개
소금 약간
후춧가루 약간

1

기름기를 떼어낸 갈비는 2시간 정도 찬물에 담가 핏물을 빼요.

2

무와 양파, 대파 흰 부분은 큼직하게 썰어 준비해요.

3

분량의 물에 갈비와 2를 넣고 통마늘, 통후추, 월계수잎을 넣어 끓여요.

4

3을 여과지나 면보를 이용해 육수와 고기를 따로 걸러내요.

5

육수에 갈비와 한입 크기로 썬 새송이버섯, 팽이버섯, 무를 넣어 끓여요.

6

버섯이 익으면 소금, 후춧가루로 간하고 대파를 넣어 한소끔 더 끓여요.

TIP

갈비의 핏물을 빼는 동안 물을 수시로 갈아주면 누린내 없애는 데 효과적이에요.

08

# 두부완자

갈비탕+두부완자+고사리볶음+오이소박이

두부완자는 여러 가지 소스를 곁들여 먹어도 맛있고,
간단하게 토마토케첩을 곁들여도 좋아요.

**재료**
두부 1모
밀가루 2큰술
당근 10g
브로콜리 10g
소금 약간
후춧가루 약간

1

브로콜리와 당근은 잘게 썰어요.

2

볼에 두부를 으깨 넣고 1과 밀가루, 소금, 후춧가루를 넣어 반죽해요.

3

둥글넓적하게 반죽을 빚어요.

4

팬에 오일을 두르고 완자를 노릇하게 구워요.

TIP
접시에 종이타월을 겹쳐 올리고 두부를 올린 뒤 종이타월로 덮어두세요.
요리 시작 1시간 정도 전에 이렇게 해두면 물기 제거가 편해요.

09

# 고사리볶음

갈비탕+두부완자+고사리볶음+오이소박이

식이섬유소와 비타민 B1이 풍부한 고사리는 차가운 성질의 음식이에요.
몸에 열이 나거나 몸이 부었을 때 고사리를 섭취하면 도움이 된답니다.

**재료**
고사리 200g
소금 약간
식물성 오일 적당량

**양념**
간장 2큰술
다진 파 1큰술
다진 마늘 1작은술
참기름 1큰술
통깨 1작은술

1

고사리는 깨끗하게 씻은 뒤 5cm 길이로 썰어요.

2

끓는 물에 고사리를 2분 정도 데쳐요.

3

찬물에 고사리를 빠르게 씻고 체에 밭쳐 물기를 빼요.

4

고사리에 양념을 모두 넣어 버무려 10분 정도 재어요.

5

팬에 오일을 두르고 4를 볶아요. 부족한 간은 소금으로 맞춰요.

TIP

아이 반찬으로 사용할 고사리는 딱딱하고 질긴 부분을 제거한 후 요리하세요.

10

# 콩나물냉국

콩나물냉국 + 닭봉조림 + 느타리버섯볶음 + 깍두기

콩나물로 끓여 국물이 시원하고 냉국이라 더욱 시원한 콩나물 냉국! 더운 여름에 딱 좋아요.

**재료**

콩나물 100g
다시마(3cmx3cm) 3장
물 4컵
다진 마늘 1작은술
실파 3뿌리
소금 약간

1

콩나물은 다듬어 씻은 후 물기를 빼요.

2

실파는 송송 썰어요.

3

분량의 물에 다시마를 넣어 20분 정도 불린 뒤 끓여요.

4

육수의 다시마는 건져내고 콩나물과 다진 마늘을 넣어 끓여요.

5

익은 콩나물은 건져내 용기에 담아 냉장고에 넣어 차갑게 해요.

6

소금으로 간한 육수에 실파를 넣어 한소끔 끓여 식힌 후 냉장고에 넣어요.

TIP 국요리는 식으면 간이 강해지므로 소금 간은 심심하게 하세요.

11

# 닭봉조림

콩나물냉국+닭봉조림+느타리버섯볶음+깍두기

아이들이 작은 닭다리라고 부르는 닭봉은 먹기도 편하고 맛도 좋아요.
닭봉을 손질하는 데 손이 많이 가지만, 조리법이 아주 간단해 요리하기 쉽답니다.

**재료**
닭봉 14조각
통후추 1/4스푼

**조림장**
간장 6큰술
올리고당 2큰술
맛술 2큰술
청주 2큰술
물 10큰술
다진 파 2큰술
다진 마늘 1큰술
참기름 1큰술
후춧가루 약간

1

닭봉은 껍질을 벗기고 깨끗하게 씻어요.

2

닭봉이 담길 정도로 물을 붓고 닭봉과 통후추를 넣고 끓여요.

3

닭봉이 익으면 건져 흐르는 물에 씻은 뒤 조림장에 10분 정도 재어요.

4

3을 센불에서 끓이다가 끓어오르면 중불로 내려 섞어가며 조려요.

TIP
너무 자작하게 졸이면 짤 수 있으니 국물이 약간 있을 정도까지만 조리세요.

12

# 느타리버섯볶음

콩나물냉국+닭봉조림+느타리버섯볶음+깍두기

느타리버섯은 지방의 흡수를 방해해 비만을 예방해준답니다.
아이가 기름진 음식을 좋아하면 버섯요리를 자주 해주세요.

**재료**

느타리버섯 100g
양파 20g
통깨 1/4작은술
식물성 오일 적당량

**양념**

간장 1큰술
다진 마늘 1/2작은술
참기름 1/2작은술
후춧가루 약간

1

느타리버섯은 밑동을 제거하고 깨끗이 손질해 적당한 크기로 썰어요.

2

양파는 손질 후 1cm 두께로 도톰하게 결대로 썰어요.

3

오일을 두른 팬에 양파 먼저 볶다가 느타리버섯을 넣어 빠르게 볶아요.

4

3에 양념 재료를 모두 넣고 빠르게 볶아요.

5

마지막으로 통깨를 넣고 섞은 뒤 불에서 내려요.

TIP

느타리버섯은 양파와 함께 요리하면 식이섬유가 더욱 풍부해져요.

# 봄동된장국

봄동된장국 + 오징어탕수육 + 멸치볶음 + 깍두기

베타카로틴, 칼륨, 칼슘, 인등이 풍부하게 함유된 봄동은 맛도 좋고 영양 성분도 풍부한 봄철 대표적인 채소랍니다.

**재료**

봄동 100g
된장 2큰술
물 4컵
국멸치 5마리
건새우 5마리
다진 마늘 1작은술

1

봄동은 한 잎씩 떼어내 깨끗하게 씻어 체에 밭쳐 물기를 빼요.

2

분량의 물에 멸치와 건새우를 넣어 끓인 뒤 건더기는 건져내요.

3

2에 된장을 풀어 넣고 다진 마늘을 넣어 끓여요.

4

3에 봄동을 넣고 부드럽게 익을 때까지 끓여요.

14

# 오징어탕수육

봄동된장국 + 오징어탕수육 + 멸치볶음 + 깍두기

쫄깃쫄깃 바삭바삭 맛있는 오징어튀김에 새콤달콤한 탕수육소스로 맛을 낸 오징어 탕수육이에요. 고기탕수육보다 쫄깃한 식감에 아이들이 더 좋아한다죠.

**재료**
오징어 1마리
당근 40g
양파 40g
애호박 40g
파인애플 80g
녹말가루 3큰술
소금 약간
후춧가루 약간
식물성 오일 넉넉히

**튀김옷**
달걀흰자 1개분
녹말가루 1/2컵
물 1/2컵

**탕수육소스**
간장 3큰술
올리고당 5큰술
식초 5큰술
물 1컵
녹말물(녹말가루 2큰술 + 물 4큰술)

1

손질한 오징어는 깨끗이 씻어 사방 3cm 크기로 썰어 물기를 빼요.

2

당근, 양파, 애호박은 반달 모양으로, 파인애플은 한입 크기로 썰어요.

3

오징어에 소금, 후춧가루, 녹말가루를 넣고 버무린 후 튀김옷을 입혀요.

4

팬에 오일을 넉넉히 두르고 오징어를 튀기고 식힌 뒤 한 번 더 튀겨요.

5

당근, 애호박, 양파를 먼저 볶다가 파인애플을 넣어 빠르게 볶아요.

6

5에 간장, 올리고당, 식초, 물을 넣고 끓이며 녹말물로 농도를 맞춰요.

TIP 튀김옷은 분량의 녹말과 물을 섞은 뒤 20분 정도 불려 윗물은 버리고 달걀흰자를 섞어 만드세요.

15

# 멸치볶음

봄동된장국 + 오징어탕수육 + 멸치볶음 + 깍두기

칼슘의 왕이라 불리는 멸치에는 단백질과 무기질도 풍부하답니다.
멸치를 물에 살짝 씻은 뒤 요리하면 짜지 않아 간식으로도 잘 어울려요.

**재료**
멸치 50g
올리고당 1큰술
통깨 1작은술
식물성 오일 적당량

1

멸치는 체에 담아 흐르는 물에 씻은 뒤 그대로 두어 물기를 빼요.

2

마른 팬에 멸치를 타지 않게 저어가며 볶아요.

3

2에 오일을 둘러 볶다가 올리고당을 넣어 고루 섞어가며 볶아요.

4

통깨를 넣어 마무리해요.

TIP
부드러운 멸치볶음을 만들고 싶다면 마른 팬에 멸치를 살짝만 볶은 뒤 요리하세요.

16

# 주꾸미두부국

주꾸미두부국 + 다시마튀각 + 달걀장조림 + 깍두기

주꾸미에는 타우린과 필수아미노산이 풍부해요. 특히 봄철 주꾸미가 최고랍니다. 다만 갯벌에서 서식하는 만큼 깨끗하게 손질해야 해요.

**재료**
주꾸미 8마리
두부 1/2모
물 4컵
다시마(3cmx3cm) 3장
새송이버섯 40g
애호박 20g
양파 20g
다진 마늘 1작은술
실파 3뿌리
소금 약간
후춧가루 약간

1

주꾸미는 손질 후 밀가루를 넣어 힘있게 주물러 닦아요.

2

1을 깨끗하게 씻은 뒤 한입 크기로 썰어요.

3

애호박, 새송이버섯은 부채꼴 모양으로, 양파는 한입 크기로 썰어요.

4

두부는 사방 2cm 크기로 깍둑썰기 해요.

5

다시마육수에 2, 3, 4를 모두 넣고 끓여요.

6

주꾸미가 익으면 소금, 후춧가루로 간하고 실파를 넣고 한소끔 끓여요.

TIP

주꾸미 빨판 등에 있는 이물질은 밀가루를 이용해 문질러 씻어내야 해요.

# 다시마튀각

주꾸미두붓국 + 다시마튀각 + 달걀장조림 + 깍두기

바삭바삭한 다시마튀각은 반찬으로도 좋고, 과자 대용으로도 좋아요.

**재료**

다시마(15cmx15cm) 3~4장
설탕 약간
통깨 약간
식물성 오일 넉넉히

1

다시마는 면보나 종이타월로 닦은 뒤 사방 3cm 크기로 잘라요.

2

팬에 오일을 넉넉히 두르고 달군 뒤 다시마를 넣어 빠르게 튀겨요.

3

튀긴 다시마는 종이타월에 올려 기름기를 빼요.

4

볼에 다시마를 담고 설탕, 통깨를 넣어 고루 섞어요.

TIP

다시마는 쉽게 탈 수 있으니 기름에 넣은 뒤 빠르게 건져내야 해요.

18

# 달걀장조림

주꾸미두붓국+다시마튀각+달걀장조림+깍두기

장조림은 아이 반찬의 기본이에요. 고기를 넣어 만들어도 맛있고
메추리알로 만들어도 맛있는 장조림!

**재료**
달걀 10개

**조림장**
물 3컵
간장 1/3컵
올리고당 3큰술
대파(흰 부분) 1/2뿌리
통마늘 3쪽
양파 30g
통후추 1/4작은술

1

끓는 물에 달걀을 넣어 10분 정도 삶아요.

2

삶은 달걀은 바로 찬물에 담가 식힌 뒤 껍질을 벗겨요.

3

달걀에 분량의 조림장을 넣어 끓여요.

4

끓어오르면 중불로 줄이고 거품을 걷어가며 조려요.

TIP
중간중간 굴려가며 조려야 양념이 골고루 달걀에 배어요.

19

# 황태뭇국

황태뭇국 + 돼지갈비찜 + 새송이버섯된장볶음 + 김치

황태는 고단백 저지방 식품으로 영양가가 높고 신진대사를 활성화시켜 성장기 어린이에게 좋아요.

**재료**

황태채 20g
달걀 2개
무 100g
다진 마늘 1작은술
물 4컵
다시마(3cm×3cm) 3
실파 2뿌리
소금 약간
후춧가루 약간

1

황태는 작게 잘라 물에 담가 불려요.

2

불린 황태는 물기를 짜내고 달걀을 풀어 소금, 후춧가루를 넣고 섞어요.

3

무는 도톰하게 채 썰어요.

4

분량의 물에 다시마를 넣어 20분 정도 불린 뒤 끓여요.

5

육수가 만들어지면 다시마를 건져내고 2와 다진 마늘을 넣어 끓여요.

6

소금, 후춧가루로 간하고 실파를 넣어 한소끔 더 끓여요.

TIP

황태를 불린 뒤 잔가시 등을 완전히 제거하세요. 국물이 끓을 때 생기는 거품은 걷어내세요.

20

# 돼지갈비찜

황태뭇국+돼지갈비찜+새송이버섯된장볶음+김치

간장양념을 해 맵지 않아 아이 입맛에 맞아요. 채소를 넣지 않고 만들어도 맛있는 돼지갈비찜을 간단히 만들 수 있어요.

**재료**

돼지갈비 800g
대파(흰 부분) 1/2뿌리
통후추 1/4작은술
월계수잎 1장
잣 1큰술
통깨 1작은술

**밑간**

배 1/4개
청주 1큰술

**양념**

간장 4큰술
올리고당 2큰술
다진 마늘 1작은술
다진 파 1큰술
참기름 1큰술
후춧가루 약간

1

손질한 갈비는 칼집을 내 1시간 정도 찬물에 담가 핏물을 빼요.

2

고기가 잠길 만큼 물을 붓고 대파, 통후추, 월계수잎을 넣어 끓여요.

3

익은 고기는 물기를 뺀 후 갈아놓은 배와 청주를 넣어 밑간해요.

4

3에 양념 재료를 모두 넣어 10분 정도 재운 뒤 끓여 조려요.

5

자작하게 조려진 갈비찜에 잣과 통깨를 넣어 마무리해요.

TIP

고기 손질 시 아이가 먹기 편하도록 평소보다 작게 썰어 준비하세요.

# 새송이버섯된장볶음

황태뭇국+돼지갈비찜+새송이버섯된장볶음+김치

새송이버섯은 쫄깃한 식감 덕분에 인기가 좋아요. 섬유소, 수분, 비타민C가 풍부한 새송이버섯으로 반찬을 만들어보았어요.

**재료**
새송이버섯 2개
통깨 1작은술
식물성 오일 적당량

**양념**
된장 1큰술
간장 1작은술
올리고당 1큰술
맛술 1큰술
다진 마늘 1/2작은술
참기름 1작은술
후춧가루 약간

1

새송이버섯은 손질 후 2등분한 뒤 도톰하게 어슷썰기해요.

2

그릇에 양념 재료를 모두 넣어 섞어요.

3

팬에 오일을 두르고 새송이버섯을 먼저 볶아요.

4

3에 2를 넣어 빠르게 볶은 뒤 통깨를 넣어 마무리해요.

TIP
된장소스를 이용한 볶음요리는 금방 물이 생기므로 먹기 직전에 조금씩만 만드세요.

22

# 미소된장국

미소된장국+마늘쇠고기볶음밥+버섯소시지구이+피클

일본식 된장인 미소는 우리나라 된장과 달리 보리나 쌀 등을 첨가해 달짝지근한 맛을 내요. 흰콩으로 만든 시로미소는 노란 빛깔을 띤답니다.

**재료**
두부 1/2모
팽이버섯 40g
다시마(3cmx3cm) 3장
가쓰오부시 3큰술
미소된장 3큰술
물 4컵
실파 3뿌리

1

팽이버섯은 2cm 길이로, 실파는 송송, 두부는 사방 1cm 크기로 썰어요.

2

분량의 물에 다시마를 넣어 20분 정도 불린 뒤 끓여요.

3

끓어오르면 다시마를 건지고 불을 끈 후 가쓰오부시를 넣고 불려요.

4

5분간 불린 가쓰오부시를 건져내고 미소된장을 풀어 넣어 끓여요.

5

끓으면 두부와 팽이버섯을 넣고 끓이다 실파를 넣어 한소끔 더 끓여요.

TIP
가쓰오부시를 많이 넣으면 비릴 수 있어요.

# 마늘쇠고기볶음밥

미소된장국+마늘쇠고기볶음밥+버섯소시지구이+피클

마늘은 세계 10대 건강식품에 뽑힐 정도로 성분이 뛰어나요.
구운 마늘은 맵지 않고 단맛이 나 아이들도 먹을 수 있어요.

**재료**
쇠고기 안심 50g
통마늘 3개
애호박 10g
당근 10g
소금 약간
후춧가루 약간
식물성 오일 적당량

1

쇠고기는 곱게 다져 소금, 후춧가루를 넣어 밑간을 해요.

2

마늘은 얇게 저미고 애호박, 당근은 잘게 썰어요.

3

팬에 오일을 두르고 마늘을 먼저 타지 않게 볶아요.

4

3에 쇠고기를 넣고 볶다가 당근, 애호박을 넣어 볶아요.

5

4에 밥을 넣고 소금, 후춧가루로 간을 맞춰 볶아요.

TIP

저민 마늘은 빠르게 볶아야 타지 않아요.

24

# 버섯소시지구이

미소된장국 + 마늘쇠고기볶음밥 + 버섯소시지구이 + 피클

면역력을 강하게 해주는
표고버섯으로 요리했어요.

**재료**
프랑크소시지 20개
표고버섯 2개
실파 3뿌리

**양념**
간장 1큰술
올리고당 1/2큰술
후춧가루 약간

1

소시지는 칼집을 낸 뒤 끓는 물에 5분간 데친 뒤 건져내 물기를 빼요.

2

표고버섯은 밑동을 제거한 뒤 1cm 두께로 썰어요.

3

팬에 오일을 두르고 표고버섯을 볶다가 양념 재료를 넣어 빠르게 볶아요.

4

3에 소시지를 넣고 볶아요.

5

4에 송송 썬 실파를 넣어 마무리해요.

TIP

아이가 버섯 향을 꺼려하면 생표고버섯으로 요리해보세요.

# 쇠고기뭇국

쇠고기뭇국+버섯잡채+김자반+깍두기

무를 넣어 시원하고 달큰한 맛이 좋은 쇠고기뭇국은 언제 먹어도 맛있어요.
무는 소화촉진에도 효과가 있어 고기와 함께 먹으면 좋아요.

**재료**
쇠고기 양지 200g
무 100g
실파 2뿌리
물 4컵
소금 약간

**고기양념**
간장 2큰술
다진 파 2큰술
다진 마늘 1큰술
맛술 1큰술
참기름 1작은술
후춧가루 약간

1

핏물을 뺀 쇠고기는 적당한 크기로 썰어 밑간을 해 10분 정도 재어요.

2

무는 사방 3cm 크기로 도톰하게 썰어요.

3

달군 냄비에 1을 먼저 볶다가 무를 넣어 볶아요.

4

3에 분량의 물을 넣어 거품을 걷어내며 끓여요.

5

부족한 간은 소금으로 맞추고 실파를 넣어 한소끔 더 끓여요.

TIP
고기양념에 간장이 들어갔으니 되도록 소금 간은 하지 마세요.

26

# 버섯잡채

쇠고기뭇국 + 버섯잡채 + 김자반 + 깍두기

무기질과 식이섬유가 풍부해 면역기능을 높여주는 버섯은 구하기도 쉽고 가격도 저렴해 식탁에서 자주 보게 되지요? 버섯으로 잡채를 만들어보았어요.

**재료**
느타리버섯 70g
새송이버섯 30g
팽이버섯 30g
당근 30g
애호박 30g
당면 100g
식물성 오일 적당량

**양념**
간장 2큰술
올리고당 1큰술
다진 마늘 1작은술
다진 파 1큰술
참기름 1큰술
통깨 1작은술
후춧가루 약간

1

팽이버섯, 느타리버섯, 새송이버섯을 손질해 준비해요.

2

애호박, 당근은 도톰하게 채 썰어요.

3

팬에 오일을 두르고 버섯과 채소를 하나씩 볶은 뒤 접시에 담아내요.

4

당면은 30분 정도 물에 불린 뒤 삶아 체에 밭쳐 물기를 빼요.

5

볼에 당면, 버섯, 채소를 넣고 양념을 모두 넣어 살살 버무려요.

TIP
당면은 아이가 먹기 편하도록 잘라서 요리하세요.

# 김자반

쇠고기뭇국+버섯잡채+김자반+깍두기

김은 비타민, 무기질을 고루 갖춘 식품이에요. 자반용 김이 없을 때는 일반 김을 잘게 부숴 요리하세요.

**재료**

자반용 파래김 30g
식물성 오일 3큰술
설탕 1큰술
통깨 2작은술

1

자반용 김은 손으로 잘게 뜯어요.

2

팬에 김을 넣고 오일을 뿌려 손으로 고루 비벼가며 섞어요.

3

약불에서 고루 섞어가며 볶아요. 식힌 뒤 설탕과 통깨를 넣어 섞어요.

TIP
자반용 파래김으로 요리하세요.

28

# 쇠고기콩나물국

쇠고기콩나물국＋삼치꿀장과＋오이무침＋김치

아이의 아침 밥상에 잘 어울리는 쇠고기콩나물국이에요.
끓여내기도 간단하니 언제든 만들 수 있답니다.

**재료**

쇠고기 양지 100g
콩나물 100g
실파 2뿌리
물 3컵
소금 약간

**고기양념**

간장 2큰술
다진 파 1큰술
다진 마늘 1/2큰술
참기름 1/2큰술
후춧가루 약간

1

쇠고기는 핏기를 제거한 뒤 한입 크기로 썰어 고기양념에 10분간 재어요.

2

콩나물은 꼬리를 떼어내고 씻은 후 물기를 제거해요.

3

달군 냄비에 1을 넣고 볶아요.

4

3에 물을 넣고 끓이다 콩나물을 넣고 2분 정도 더 끓여요.

5

부족한 간은 소금으로 맞춘 뒤 실파를 넣고 한소끔 더 끓여요.

TIP

1. 생기는 거품은 걷어내며 끓이세요.
2. 고기양념에 간장이 들어갔으니 되도록 소금 간은 하지 마세요.

29

# 삼치꿀장과

쇠고기콩나물국 + 삼치꿀장과 + 오이무침 + 김치

삼치로 달콤 짭조름한 장과요리를 했어요. 튀겨낸 삼치는 비리지 않고 고소해요.
아이 간식으로 만들어줘도 좋아요.

**재료**

삼치 1마리
맛술1큰술
전분가루 2큰술
녹말가루 2큰술
소금 약간
후춧가루 약간
식물성 오일 적당량

**조림장**

간장 2큰술
설탕 1 + 1/2큰술
물 1/2컵
꿀 1큰술
통깨 1작은술

1

살만 발라낸 삼치는 소금, 후춧가루, 맛술을 넣고 버무려 밑간해요.

2

1에 녹말가루를 넣고 섞어 튀김옷을 입힌 뒤 달군 오일에 튀겨요.

3

삼치튀김은 식힌 뒤 한 번 더 튀겨내요.

4

냄비에 간장, 설탕, 물을 넣고 끓여요.

5

바글바글 끓으면 삼치튀김을 넣고 중불에서 조려요.

6

조림장이 자작해지면 꿀과 통깨를 넣고 버무린 후 불에서 내려요.

TIP 꿀은 장시간 가열하게 되면 영양소가 파괴되니 조리과정 마지막에 넣으세요.

30

# 오이무침

쇠고기콩나물국+삼치꿀장과+오이무침+김치

아삭아삭 상큼한 오이를 그대로 무치면 오이 본연의 맛을 느낄 수 있어요.

**재료**

오이 1+1/2개
천일염 약간
천일염 1작은술
실파 2뿌리
참기름 1/2작은술
통깨 약간

1

천일염으로 오이를 문질러 씻은 후, 0.5cm 두께로 썰어요.

2

볼에 오이를 담고 천일염을 넣어 버무려 10분 정도 절여요.

3

절인 오이는 흐르는 물에 씻은 후 체에 밭쳐 물기를 빼요.

4

3에 참기름, 송송 썬 실파와 통깨를 넣어 버무려요.

# Part 5

# 매일매일 튼튼이, 유아 간식

01

# 고구마베이컨로스트

맛이 강하지 않아 아이 간식으로 좋아요. 만들기도 간단해 뚝딱 만들 수 있답니다.
다진 마늘로 베이컨의 느끼한 맛을 잡아주었어요.

**재료**

고구마 1개
베이컨 60g
올리브유 1큰술
다진 마늘 1/2작은술
파슬리가루 1/2작은술
소금 약간
후춧가루 약간

1

고구마는 깨끗하게 씻은 후 물기를 닦아내고 2cm×4cm 크기로 썰어요.

2

베이컨은 2cm 크기로 썰어요.

3

볼에 1, 2, 올리브유, 다진 마늘, 파슬리가루, 소금, 후춧가루를 넣어 섞어요.

4

3을 오븐용기에 담아 220℃ 오븐에서 15~20분 정도 구워요.

TIP

고구마는 껍질 그대로 요리하기 때문에 솔을 이용해 깨끗하게 씻으세요.

02

# 단호박맛탕

단호박은 비타민과 미네랄 등 영양분이 풍부하게 들어있어 면역력 강화에도 도움을 준답니다. 그리고 고구마맛탕보다 단호박맛탕이 더 달콤하다는 사실!

**재료**

단호박 1/2개
올리고당 1/4컵
꿀 1큰술
통깨 1/4작은술

1

단호박은 껍질을 벗겨 씨를 긁어낸 후 2cm 크기로 썰어 준비해요.

2

팬에 오일을 넉넉히 두르고 달군 뒤 단호박을 튀겨요.

3

단호박을 두 번 튀겨낸 뒤 종이타월에 올려 기름기를 빼요.

4

팬에 분량의 올리고당을 졸이다가 3을 넣고 섞어요.

5

올리고당이 졸아들면 꿀과 통깨를 넣어 마무리해요.

**TIP**

1. 단호박을 튀기기 전에 면보로 단호박의 물기를 닦아내세요.
2. 단호박은 수분이 많아 금세 물이 생기므로 적당량만 만들어 바로 먹는 것이 좋아요.

03

# 두부피자

밀가루 도우 대신 두부 도우로 만든 두부피자예요. 칼로리 부담도 적을 뿐 아니라 두부로 만들어 더 건강하답니다.

**재료**

두부 1모
녹말가루 4큰술
파슬리가루 1작은술
소금 1/4작은술
후춧가루 약간

**토핑**

토마토소스 5큰술
파프리카 30g
소시지 30g
캔옥수수 20g
모차렐라치즈 80g

1

두부는 1시간 정도 종이타월에 얹어 물기를 제거해요.

2

두부를 으깨 녹말가루, 파슬리가루, 소금, 후춧가루를 넣어 반죽해요.

3

종이호일이나 유산지를 깔고 둥근 틀로 1cm 두께 도우 모양을 잡아요.

4

180℃로 예열된 오븐에서 10~15분 정도 구워요.

5

4에 소스를 넓게 펴고 그 위에 손질한 토핑을 올리고 치즈를 얹어요.

6

180℃ 오븐에서 10분 정도 더 구워요.

TIP

두부의 물기를 많이 제거할수록 들어가는 녹말가루 양을 줄일 수 있어요.

04

# 밤조림

탄수화물과 단백질, 칼슘, 비타민 등이 풍부한 밤은 발육과 성장에 도움을 줘요.
밤에 설탕과 꿀을 이용해 요리하면 더 달콤한 간식을 만들 수 있어요.

**재료**
밤 30개
물 2컵
황설탕 2큰술
꿀 2큰술
통깨 약간

1

밤은 껍데기를 벗겨 준비해요.

2

분량의 물에 밤을 넣어 물의 양이 1/2로 줄 때까지 끓여요.

3

2에 설탕을 넣어 뚜껑을 덮고 약불에서 자작해질 때까지 졸여요.

4

꿀을 넣어 섞어주고 통깨를 넣어 마무리해요.

# 베이컨롤토스트

간식을 준비할 시간이 없을때 빠르게 만들 수 있어요.
우유와 함께 먹으면 더 든든하답니다.

**재료**
식빵 6장
베이컨 6줄
파슬리가루 약간

1

식빵은 테두리를 잘라내요.

2

김발을 이용해 꾹꾹 눌러가며 식빵을 말아요.

3

긴 상태 그대로의 베이컨으로 빵을 말아요.

4

달군 팬에 이음새 부분부터 굴려가며 구워요.

TIP

1. 베이컨이 풀리지 않도록 이음새 부분 먼저 구우세요.
2. 먹기 전 파슬리가루를 뿌려 마무리해요.

06

# 요거트과일푸딩

제철 과일을 넣으면 더 맛있어요. 여름철에는 살짝 얼려 셔벗처럼 즐겨보세요.

**재료**
플레인요거트 2개
물 3/4컵
판젤라틴 3장
설탕 20g
딸기 7개
키위 3개

1

판젤라틴은 찬물에 담가 불려요.

2

딸기와 키위는 손질 후 1cm 크기로 작게 썰어 물기를 제거해요.

3

냄비에 분량의 물과 설탕을 넣어 끓여요.

4

바글바글 끓으면 불을 끄고 식히고 요거트와 불린 젤라틴을 넣어 섞어요.

5

용기에 과일을 적당히 담고 4를 식혀 부어 냉장고에 넣어 굳혀요.

TIP

끓인 물을 식힌 다음 요거트를 넣어야 몽글몽글 뭉치지 않아요.

07

# 치즈컵떡볶이

남녀노소 누구나 좋아하는 대표적인 간식 떡볶이! 치즈를 넣어 덜 맵게 만들어보았어요.
컵까지 먹을 수 있어서 아이들이 재미있어해요.

**재료**
만두피 7~8장
떡 200g
어묵 80g
모차렐라치즈 80g
식물성오일 적당량

**양념**
고추장 1큰술
물 8큰술
올리고당 2큰술
간장 1큰술
맛술 2큰술
다진 파 1큰술
다진 마늘 1작은술
후춧가루 약간

1
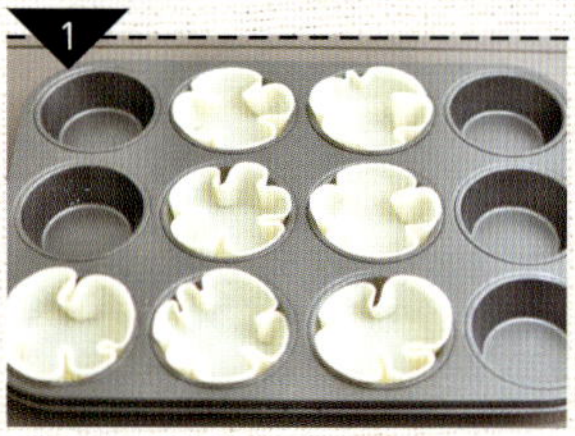
오일을 바른 머핀틀에 만두피를 넣고 180℃에서 10분 정도 구워요.

2

어묵은 사방 3cm 크기로 썰어요.

3

떡은 씻은 뒤 체에 밭쳐 물기를 빼요.

4

냄비에 양념 재료를 모두 넣어 끓여요.

5

바글바글 끓으면 떡과 어묵을 넣어 양념이 조려질 때까지 끓여요.

6

1에 떡볶이, 치즈를 올려 180℃에서 10분 더 구워요.

TIP
떡에 묻은 기름기는 깨끗하게 씻어 요리해요.

08

# 방울토마토샐러드

한입에 쏙! 아이들이 좋아하는 방울토마토로 만들어 재미까지 더한 샐러드예요.
아이가 싫어하는 채소가 있다면 방울토마토 속에 숨기세요.

**재료**

방울토마토 10~12개
적채 10g
달걀 1개
마요네즈 3큰술
올리고당 1큰술

1

적채는 잘게 썰고, 달걀은 삶아 흰자와 노른자를 따로 준비해요.

2

방울토마토는 깨끗하게 씻은 후 윗부분을 자른 뒤 속을 파내요.

3

그릇에 적채, 달걀흰자, 마요네즈, 올리고당을 넣어 고루 섞어요.

4

3을 방울토마토 속에 넣고 위에 노른자를 솔솔 뿌려 마무리해요.

TIP

1. 방울토마토 대신 큰 토마토로 만들 경우에는 끓는 물에 살짝 데쳐 껍질을 벗겨 요리하세요.
2. 달걀노른자는 체에 내려 보슬보슬하게 준비해 사용하세요.

# 피자파이

바삭바삭한 파이 속에 맛있는 피자가 숨어있어요.
아이들이 좋아하는 재미난 간식이랍니다.

**재료**

만두피 7~8장
양파 40g
토마토케첩 4큰술
물 1큰술
파프리카 30g
소시지 30g
모차렐라치즈 80g
식물성 오일 넉넉히

1

소시지, 파프리카는 0.5cm 두께로 썰고 캔옥수수는 씻어 물기를 빼요.

2

양파는 손질 후 곱게 다져요.

3

오일을 두른 팬에 다진 양파를 투명해지도록 볶다가 케첩과 물을 넣어요.

4

3에 1을 넣고 볶아요.

5

만두피에 4를 적당히 덜어 넣고 위에 치즈를 올려요.

6

원하는 모양으로 빚어 팬에 오일을 넉넉히 담아 튀겨요.

TIP 소스가 새어나오지 않게 꾹꾹 눌러 빚으세요. 튀기는 대신 오븐에 구워도 좋아요.

10

# 허브팝콘치킨

한입에 쏙쏙 먹는 재미가 있는 팝콘치킨! 허브를 넣어 향기까지 그윽한 간식이에요.
바질은 닭 특유의 비린내를 잡아주고 소화를 도와준답니다.

**재료**

닭안심 200g
바질 1/4작은술
소금 약간
후춧가루 약간
밀가루 1/2컵
달걀 2개
빵가루 1/2컵
파슬리 1작은술
식물성 오일 적당량

1

닭안심은 껍질을 벗기고 기름기를 제거한 뒤 깨끗하게 씻어 준비해요.

2

닭안심을 다진 후 바질과 소금, 후춧가루를 넣어 반죽해 밑간을 해요.

3

빵가루에 파슬리를 넣어 섞어요.

4

고기반죽을 한입 크기로 동그랗게 빚어요.

5

4에 밀가루, 달걀, 빵가루 순으로 튀김옷을 입혀 튀겨요.

TIP

허브 향이 강하다면 파슬리만 넣어 요리하세요.

# 딸기펀치

달콤한 딸기로 집에서 직접 음료수를 만들어주세요.
엄마가 만들어주면 아이들이 더 좋아해요.

**재료**
딸기 15개
탄산수 1컵
레몬즙 1큰술
시럽 2큰술

1 딸기는 씻은 후 5개는 1cm 크기로 작게 썰어요.

2 10개는 믹서로 곱게 갈아요.

3 2를 체에 내린 후 1과 탄산수, 레몬즙, 시럽을 넣어 섞어요.

TIP

**키위에이드 만들기**
키위에는 비타민C가 오렌지의 2배, 비타민E는 사과의 6배 이상 들어있어요. 식이섬유 또한 풍부해 키위 자체만으로도 좋은 간식이랍니다.

**재료**
키위 3개, 탄산수 2컵, 시럽 4큰술

1. 키위는 껍질을 벗긴 후 한 개 분량은 얇게 썰어요.
2. 나머지는 큼직하게 썰어 믹서에 넣어 갈아요.
3. 2에 분량의 시럽을 넣어 곱게 갈아 먹기 전에 탄산수와 가볍게 섞어요.

# 브로콜리사과주스

오래 익히면 영양소가 금세 파괴되는 브로콜리, 그렇다고 아이들이 생으로 먹기는 힘들죠. 그럴 땐 사과와 함께 갈아주세요.

**재료**
브로콜리 150g
사과 2개

1

껍질 벗긴 사과와 깨끗이 씻은 브로콜리는 적당히 썰어 준비해요.

2

1을 믹서에 곱게 갈아요.

3

2는 체에 거르거나 면보로 짜서 즙만 걸러내요.

TIP
주서기나 녹즙기를 이용하면 간편해요.

# Part 6

# 식탁에 빠지지 않는 유아 김치

# 01 김치

아이라고 백김치만 만들어주는 것보다 맵지 않은 고춧가루를 사용해 김치를 만들어주는 것이 좋아요.

**재료**
배추 1포기
쪽파 1/4단
부추 1/4단
대파(흰 부분) 1뿌리
무 500g

**절이기**
천일염 1컵
물 4컵

**김치양념**
멸치액젓 1/3컵
새우젓 1 + 1/2큰술
고춧가루 1컵
매실청 1/4컵
다진 마늘 1큰술
다진 생강 1/2큰술
양파 1/2개
배 1/2개
찹쌀풀 1/2컵
(찹쌀가루 3큰술 + 물
소금 약간

1

4등분한 배추는 천일염에 5시간 절여 깨끗하게 씻어 물기를 빼요.

2

무는 채 썰고, 쪽파와 부추, 무, 파도 비슷한 크기로 썰어요.

3

양파, 배, 새우젓은 믹서로 갈고 액젓, 매실청, 다진 마늘, 다진 생강을 넣어요.

4

물에 찹쌀가루를 풀고 약불에서 저어가며 끓여 풀을 쑨 뒤 식혀요.

5

볼에 고춧가루, 2, 3을 넣고 버무리고, 부족한 간은 소금으로 맞춰요.

6

5를 배추에 넣고 용기에 담아 실온에 하루 정도 두었다가 냉장보관해요.

TIP 맵지 않은 고춧가루를 사용하세요. 매운 고춧가루밖에 없을 경우엔 분량의 1/2 정도만 사용하세요.

02

# 백김치

맵지 않은 백김치는 아이 김치의 기본이에요.
입안을 개운하게 해주는 백김치를 만들어볼까요?

**재료**
배추 1포기
무 500g
배 1/2개
대추 3개
쪽파 1/8단
대파(흰 부분) 1뿌리
마늘 3쪽
생강 1톨
새우젓 1 + 1/2큰술
잣 1/2큰술
매실청 2큰술
소금 1/2작은술

**절이기**
천일염 1컵
물 4컵

**김칫국물**
생수 4컵
소금 1 + 1/2작은술

1

4등분한 배추는 천일염에 5시간 절여 깨끗하게 씻어 물기를 빼요.

2

무, 배, 쪽파, 대파는 비슷한 길이로 썰고, 대추는 도톰하게 썰어요.

3

큰 볼에 김치소 재료와 양념을 넣고 살살 버무려요.

4

3에 잣과 대추를 넣고 마무리해요.

5

양념한 배추를 용기에 담아 실온에 하루 정도 두었다가 냉장보관해요.

TIP

배추를 반으로 접어 눌렀을 때 부러지지 않고 부드럽게 접히면 김치를 담그기 좋은 상태로 절여진 거예요.

03

# 물김치

맵지 않고 짜지 않은 순한맛이 아이 김치로 좋아요.
배추와 무, 달콤한 배 덕분에 김치를 시작하는 단계로 적당해요.

## 재료

알배추 1/2개
무 300g
배 1/4개
매실청 2큰술
천일염 2큰술
잣 1큰술
대파(흰 부분) 1/2뿌리

## 김칫국물

생수 6컵
사과 1개
무 50g
마늘 4쪽
소금 2작은술
매실청 1큰술

1

배추, 무는 사방 2cm 크기로 썰어 매실청과 천일염에 1시간 절여요.

2

절인 배추와 무는 물에 살짝 씻은 후 체에 밭쳐 물기를 빼요.

3

배는 무와 비슷한 크기로 썰고 대파는 어슷썰기해요.

4

김칫국물 재료(물 제외)를 믹서로 곱게 간 다음 체에 내려요.

5

용기에 2와 4를 넣고 물을 부어 고루 섞어요.

TIP

1. 김칫국물 간은 소금으로 하세요.
2. 실온에 하루 정도 두었다가 냉장보관해요.

04

# 깍두기

아이 김치로는 배추김치보다 깍두기가 더 익숙하지요.
맵지 않게 간하고, 한입에 쏙 들어가는 크기로 만드는 게 포인트에요.

### 재료

무 3kg
대파(흰 부분) 1뿌리
마늘 10쪽
고춧가루 2/3컵
새우젓 1큰술
소금 1/3컵
배 1/2개
양파 1/2개

1

손질한 무는 사방 1~2cm 크기로 깍둑썰기해요.

2

배와 양파는 같이 곱게 갈아요.

3

마늘과 새우젓도 같이 곱게 갈아요.

4

무에 고춧가루를 넣고 버무린 뒤, 2를 넣고 골고루 섞어줘요.

5

4에 3과, 대파, 소금을 넣고 버무려요.

6

용기에 담아 실온에서 하루 정도 두었다가 냉장보관해요.

TIP 맵지 않은 고춧가루를 사용하세요. 매운 고춧가루밖에 없을 경우엔 분량의 1/2 정도만 사용하세요.

05

# 동치미

동치미는 국물이 시원해서 소화가 안 될 때 마시면 개운하죠.
매실청을 넣어 만들면 더 좋답니다.

**재료**
무 1kg
천일염 2큰술
매실청 2큰술
배 1/2개
양파 1/2개
쪽파 1/8단
통마늘 5개
생강 2톨

**동치미국물**
생수 6컵
꽃소금 2큰술
매실청 4큰술

1

무는 길쭉하게 썰어 천일염과 매실청을 넣고 1시간 정도 절여요.

2

절인 무는 물에 살짝 씻어 체에 밭쳐 물기를 빼요.

3

씨를 제거한 배는 6등분하고, 양파, 마늘, 생강, 쪽파도 적당히 썰어요.

4

용기에 준비한 재료들을 모두 담고 국물을 만들어 부어요.

TIP

1. 배는 껍질째 사용하기 때문에 깨끗하게 씻어야 해요.
2. 실온에 하루 정도 두었다가 냉장보관하세요.

06

# 무절임

일명 '치킨무'라 불리는 무절임이에요.
달콤새콤한 맛에 어린아이까지도 좋아하는 반찬이죠.

**재료**
무 800g
설탕 1/2컵
식초 1/2컵
소금 1/3큰술

1

무는 손질 후 물기를 제거한 뒤 사방 2cm 크기로 깍둑썰기해요.

2

그릇에 식초, 설탕, 소금을 넣고 저어요.

3

1에 2를 넣고 골고루 섞어요.

4

열탕 소독한 유리용기에 3을 담아 냉장보관해요.

07

# 오이소박이

아삭아삭한 오이소박이를 맵지 않게 만들었어요. 오이소박이를 먹다 보면 부추가 꼭 남지요? 동글동글한 모양으로 담그면 부추도 남김없이 먹을 수 있어요.

**재료**
오이 6개
물 4컵
천일염 5큰술
부추 250g
멸치액젓 4큰술
다진 마늘 3큰술
다진 생강 1/2큰술
매실청 1큰술

1

소금으로 문질러 씻은 오이는 양쪽 끝부분을 잘라내고 반으로 잘라요.

2

물에 천일염을 넣고 끓인 뒤 뜨거울 때 오이에 부어 1시간 정도 절여요.

3

절인 오이는 씨 부분을 긁어낸 뒤 물기를 빼요.

4

부추는 굵은 줄기 부분을 잘라낸 뒤 5~8cm로 썰어요.

5

볼에 부추와 긁어낸 오이속을 다져 넣고, 재료를 넣어 버무려요.

6

5를 오이에 넣어 실온에서 하루 정도 두었다가 냉장보관해요.

TIP
오이씨 부분은 둥근 모양을 살리며 젓가락으로 긁어내세요.

08

# 오이피클

피클은 보관기간도 길어서 한 번 만들 때 양껏 만들어두면 편해요.

**재료**

오이 3개
천일염 약간
물 2컵
설탕 1/2컵
식초 1컵
소금 1큰술

1

오이는 천일염으로 문질러 씻은 후, 종이타월로 물기를 닦아요.

2

0.5cm 정도 두께로 썰어요.

3

물, 설탕, 소금을 넣고 끓이다가 물의 양이 2/3로 줄면 식초를 넣고 끓여요.

4

열탕 소독한 유리용기에 오이를 넣고 3을 부어 식힌 다음 냉장보관해요.

# Part 7

# 특별한 날, 개성만점 유아 도시락

01

# 유부초밥 + 닭봉튀김

나들이나 소풍 때 기본으로 챙기는 유부초밥과 하나씩 들고 먹을 수 있는 작은 닭봉튀김으로 도시락을 만들어주세요.

# 유부초밥

1

당근, 애호박은 손질 후 잘게 썰어요.

2

냄비에 유부양념을 모두 넣고 20분 정도 불린 뒤 끓여요.

3

2의 건더기는 건지고 대각선으로 잘라 데친 유부를 넣고 약불에서 조려요.

4

팬에 오일을 살짝 두르고 당근, 애호박을 넣어 볶아요.

5

밥에 끓인 배합초와 당근, 애호박, 참기름, 검은깨를 넣고 섞어요.

6

재어둔 유부는 물기를 짜내고 밥을 채워 넣어요.

**재료**

유부 8개
밥 2공기
당근 15g
애호박 15g
참기름 1/2작은술
검은깨 1/4작은술

**유부양념**

물 1/2컵
간장 3큰술
맛술 1큰술
다시마(3×3) 2장
대파 1/2뿌리

**배합초**

식초 1+1/2큰술
설탕 1큰술
소금 1/4작은술

# 닭봉튀김

1

닭봉은 껍질을 벗기고 찬물에 담가 핏물을 뺀 뒤 씻어요.

2

1의 물기를 빼고 양념 재료로 버무려 1시간 정도 재어요.

3

1에 녹말가루를 넣고 버무려 튀김옷을 입혀요.

4

팬에 오일을 넉넉히 담아 달군 뒤 준비한 닭봉을 튀겨요.

TIP
닭봉에 약간의 칼집을 내 속까지 익도록 요리하세요.

**재료**

닭봉 14~15조각
녹말가루 4큰술
식물성 오일 넉넉히

**양념**

간장 1큰술
맛술 1큰술
올리고당 1큰술
참기름 1큰술
다진 마늘 1큰술
소금 1/4작은술
후춧가루 약간

02

# 꼬마김밥 + 햄버그스테이크

밥과 고기를 함께 넣은 도시락이에요. 햄버그스테이크도 먹기 편한 크기로 작게 만들어 아이 도시락에 넣어주세요.

# 꼬마김밥

**재료**

김 3~4장
밥 2공기
당근 30g
단무지 50g
햄 30g
소금 1/4작은술
참기름 1큰술
검은깨 1/4작은술

1

김은 4등분해 잘라요.

2

당근은 0.5cm 두께로 채 썰고, 단무지와 햄은 10cm 길이로 썰어요.

3

팬에 오일을 두르고 당근을 볶아요.

4

햄도 구워요.

5

밥에 참기름, 검은깨, 소금을 넣어 섞어요.

6

김에 밥을 얹어 펼치고 당근이나 단무지, 햄을 넣어 김발로 돌돌 말아요.

# 햄버그스테이크

**재료**

돼지고기 안심 200g
빵가루 1/3컵
양파 40g
다진 마늘 1작은술
달걀노른자 1개
소금 약간
후춧가루 약간
식물성 오일 적당량
스테이크소스 적당량

1

돼지고기는 종이타월을 이용해 핏기를 닦아낸 뒤 곱게 다져요.

2

양파는 껍질을 벗겨 씻은 뒤 곱게 다져요.

3

달걀 노른자를 걸러내요.

4

볼에 고기, 양파, 빵가루, 다진 마늘, 노른자, 소금, 후춧가루를 넣어요.

5

고기반죽을 둥글넓적하게 빚어요.

6

팬에 오일을 두르고 달군 뒤 햄버그스테이크 반죽을 노릇하게 구워요.

TIP 아이가 먹기 편하도록 작게 빚으세요.

03

# BLT샌드위치 + 핫윙

하나만 먹어도 든든한 BLT샌드위치는 만들기도 간단해요.
기름기를 쏙 뺀 핫윙도 너무 맵지 않게 만들어 아이 입맛에 잘 맞아요.

# BLT샌드위치

**재료**
식빵 3장
베이컨 3장
양상추 2장
토마토 1/2개
마요네즈 약간

1

베이컨은 2등분해 팬에 앞뒤로 살짝 구워요.

2

토마토는 0.5cm 두께로 썰고, 양상추는 심지 부분을 잘라내 썰어요.

3

마른 팬에 식빵을 앞뒤로 노릇하게 구워요.

4

식빵 한 면에 마요네즈를 펴 바르고 양상추, 베이컨, 토마토를 올려요.

TIP
샌드위치를 유산지로 꼼꼼하게 싼 뒤 반으로 자르면 먹기 편해요.

# 핫윙

**재료**
닭날개 15~16조각

**고기양념**
청주 1큰술
맛술 1큰술
소금 약간
후춧가루 약간

**양념**
간장 1큰술
핫소스 1작은술
올리고당 1큰술

1

닭날개를 양쪽 겹질 부분을 잘라내고 흐르는 물에 깨끗하게 씻어요.

2

볼에 닭날개와 밑간 재료를 넣고 버무려 30분 정도 재어요.

3

오븐 팬에 종이호일을 깔고 닭날개를 올려 210℃에서 15분 정도 구워요.

4

초벌한 닭날개에 양념 재료를 넣고 버무려 30분 정도 재어요.

5

210℃ 오븐에서 4를 올려 10분 정도 더 구워요.

04

# 치킨마요덮밥+해시브라운

치킨마요덮밥과 부드럽고 바삭한 해시브라운으로 도시락을 만들었어요.
도시락에 담을 때 밥을 담고 데리야끼소스를 고루 펴 바른 뒤 달걀지단을 올리고
치킨, 마요네즈, 실파를 올리세요.

# 치킨마요덮밥

1

손질한 닭안심은 3cm 크기로 썰어 소금, 후춧가루를 넣고 20분간 재어요.

2

고기에 밀가루, 달걀, 빵가루 순으로 튀김옷을 입혀 팬에 구워요.

3

달걀 2개는 소금 간을 살짝 한 뒤 풀어 체에 내려요.

4

팬에 종이타월을 이용해 오일을 바르고 달걀지단을 부쳐요.

5

달걀지단은 얇고 길게 채 썰어요.

TIP

밥 위에 데리야끼소스, 달걀지단, 치킨 순으로 올리고 마요네즈를 뿌린 뒤 실파를 올리세요.

**재료**

닭안심 100g
달걀 2개
소금 약간
후춧가루 약간
데리야끼소스 1큰술
마요네즈 2큰술
밥 1공기
실파 1뿌리
식물성 오일 적당량

**튀김옷**

밀가루 1/4컵
달걀 1개
빵가루 1/4컵

# 해시브라운

1

감자는 껍질을 벗겨 씻은 후 아주 가늘게 채 썰어 물에 5분 정도 담가요.

2

체에 밭쳐 물기를 빼요.

3

볼에 감자채를 담고 소금과 후춧가루를 약간씩 넣어 밑간해요.

4

팬에 오일을 살짝 두른 뒤 감자채를 동그랗게 빚어 노릇하게 구워요.

TIP

감자채는 아주 얇고 가늘게 채 썰어야 해요.

**재료**

감자 1개
소금 약간
후춧가루 약간
식물성 오일 적당량

05

# 새우버거+과일젤리+감자튀김

엄마표 버거 세트로 신나는 나들이를 떠나세요. 시간이 지나도 촉촉한 새우 패티, 상큼한 과일젤리, 바삭한 감자튀김까지 패스트푸드점 부럽지 않은 건강 버거 세트랍니다.

# 새우버거

1

다진 새우살은 소금, 후춧가루로 밑간해 빵가루를 넣어 반죽해요.

2

1을 빚어 밀가루, 달걀, 빵가루 순으로 입혀 오일을 두른 팬에 구워요.

3

모닝빵은 반으로 잘라 마른 팬에 안쪽을 구워요.

4

양상추는 심지 부분을 잘라내 썰고, 양파는 가늘게 채 썰어요.

5

토마토는 0.5cm 두께로 동그랗게 썰어요.

6

빵 안쪽에 마요네즈를 바른 뒤 양상추, 양파, 패티, 소스, 치즈를 올려요.

**재료**
모닝빵 3개
새우살 150g
빵가루 3큰술
치즈 3장
토마토 1/2개
양상추 2장
양파 30g
소금 약간
후춧가루 약간
타르타르소스 2큰술
마요네즈 약간
식물성 오일 적당량

**튀김옷**
밀가루 1/4컵
달걀 1개
빵가루 1/4컵

# 과일젤리

1

키위와 귤은 블루베리와 비슷한 크기로 썰어요.

2

냄비에 물과 한천가루, 설탕, 레몬즙을 넣어 10분 정도 불렸다 끓여요.

3

용기에 과일을 담고 4를 식혀 부은 뒤 냉장고에서 1시간 이상 굳혀요.

**재료**
골드키위 2개
귤 1개
블루베리 40g
물 1 + 1/4컵
한천가루 1/3큰술
설탕 5큰술
레몬즙 1/3큰술

# 감자튀김

1

감자는 손질 후 0.5cm 두께로 채 썰어 씻고 물기를 빼요.

2

팬에 오일을 넉넉히 두르고 달군 뒤 감자를 튀겨요.

3

튀긴 감자는 식힌 후 1~2번 정도 더 튀긴 뒤 소금을 약간 뿌려요.

**재료**
감자 1개
소금 약간
식물성 오일 넉넉히

06

# 마늘빵+치킨랩

하나만 먹어도 든든한 치킨랩에는 채소가 듬뿍 들어가 느끼하지 않아요.
담백한 치킨랩은 바삭한 마늘빵과 잘 어울려요.

# 마늘빵

1

그릇에 마늘소스 재료를 모두 넣어 골고루 섞어요.

2

식빵은 테두리를 잘라내요.

3

빵 한쪽 면에 마늘소스를 발라요.

4

180℃로 예열된 오븐에서 10분 정도 구워요.

TIP
완성 후 먹기 편한 크기로 자르세요.

**재료**
식빵 6개

**마늘소스**
다진 마늘 2큰술
파마산치즈가루 2큰술
핫소스 1작은술
올리브오일 6큰술
파슬리가루 1/2작은술

# 치킨랩

1

닭가슴살은 한입 크기로 썰어 레몬즙, 후춧가루를 넣고 20분간 재어요.

2

파프리카, 당근, 양파는 손질 후 씻어 0.5cm 두께로 채 썰어요.

3

양상추와 상추는 흐르는 물에 씻은 뒤 물기를 털어내요.

4

1에 밀가루, 달걀, 빵가루 순으로 입혀 오일을 두른 팬에 구워요.

5

마른 팬에 또띠아를 살짝 구워요.

6

5에 상추, 양상추, 채소, 치킨, 소스를 얹어 또띠아를 접어요.

TIP
또띠아는 살짝 구운 뒤 바로 사용해야 부서지지 않아요.

**재료**
또띠아(지름 15cm) 5장
닭가슴살 200g
파프리카 30g
당근 30g
양파 30g
양상추 1장
상추 5장
레몬즙 1큰술
후춧가루 약간
식물성 오일 적당량

**튀김옷**
밀가루 1/4컵
달걀 1개
빵가루 1/4컵

**소스**
머스터드 2큰술
꿀 1큰술

07

# 닭떡꼬치구이 + 고구마라이스볼

고구마라이스볼은 고구마반죽에 우유를 넣어 달콤하고 담백한 이색 주먹밥이랍니다.
밥에 채소들도 쏙쏙 감춰 요리할 수 있어 편식하는 친구들에게 추천하는 도시락이에요.
달콤한 고구마라이스볼은 약간 매콤한 닭떡꼬치구이와 잘 어울려요.

# 닭떡꼬치구이

**재료**
닭다리 2개
떡 100g
청주 1큰술
후춧가루 약간
식물성 오일 적당량

**소스**
고추장 1/2작은술
케첩 1큰술
맛술 1/2작은술
참기름 1/4작은술
올리고당 1/2작은술
후춧가루 약간

1

떡은 끓는 물에 1분 정도 데친 후 물기를 제거해요.

2

손질한 닭다리는 살만 발라내 청주, 후춧가루를 넣어 30분 정도 재어요.

3

그릇에 소스 재료를 모두 넣고 골고루 섞어요.

4

꼬치에 닭고기와 떡을 꽂아요.

5

팬에 오일을 살짝 두른 뒤 4를 앞뒤로 초벌구이해요.

6

5에 소스를 앞뒤로 고루 3~4번 발라가며 타지 않게 중불에서 구워요.

# 고구마라이스볼

**재료**
고구마 2개
우유 2큰술
밥 1공기
당근 10g
애호박 10g
소금 약간
후춧가루 약간

**튀김옷**
밀가루 1/2컵
달걀 1개
빵가루 1/2컵

1

고구마는 깨끗이 씻은 후 김 오른 찜통에서 20~25분 정도 쪄요.

2

찐 고구마는 껍질을 벗겨 으깬 후 우유를 넣어 반죽해요.

3

당근, 애호박은 손질 후 잘게 썰어요.

4

당근, 애호박을 먼저 볶다가 밥, 소금, 후춧가루를 넣어 볶아요.

5

볶음밥이 식으면 동그랗게 빚고 고구마반죽으로 덮어요.

6

팬에 오일을 두른 뒤 밀가루, 달걀, 빵가루 순으로 튀김옷을 입혀 구워요.

TIP
고구마를 너무 두껍지 않게 덮어 빚으세요.